心理学のための
How to write a psychology article in English
英語論文の書き方・考え方

羽生和紀 著
Hanyu Kazunori

朝倉書店

Preface
まえがき

　英語で論文を書くのは大変なことである．そこには，外国語を使うこと，アカデミックライティングという特殊な作法に従うこと，さらに学術的な内容を正確に伝えることの3つのことが含まれている．この一つひとつでも大変な3つを，同時にしかも高いレベルで達成することはとても大変な（過負荷ともいえる）課題である．

　この課題をこなしていくための技術を，英語で論文を書こうとする研究者は，少しずつ身につけていくことが必要なわけだが，それは知識を獲得するというよりも，動作のように基本的には体に身につけていくものなのかもしれない．それは，意識的にいろいろなことに注意しながらこうした過負荷な作業を効果的に行うことは難しく，多くの注意事項は無意識のレベルで対処する，つまりほとんど自動的に処理される必要があるからである．しかし，こうした注意点を試行錯誤で見つけ，身につけていくには長い時間がかかってしまう．この本は，そうした注意点を出来うる限りで並べ挙げ，効率的に身につけていくことを助けることを目的として書かれた本である．

　したがって，この本はマニュアルというよりも教則本だろう．マニュアルであれば一読し，それに従えば何かができることが求められるが，教則本はそれに従って練習を積むことで上達を促すものである．たとえば楽器の演奏は，マニュアルを読んでもできるようにはならない．教則本にしたがって練習することが必要である．そして楽器の演奏と同様に，英語の論文を書くことも練習を積まなければうまくはならないようである．それは，日本語の論文でも，論文以外の文章でも同じことであるけれど．英語の論文を書きたい人，書く必要がある人はとくにそのつもりで，少しずつ練習を続けてほしい．この本がそうした人たちの手助けやヒントに少しでもなればいいと願っている．

　本書を執筆できたのは多くの人たちのおかげです．この本で書いている多くの事柄は，The Ohio State University の Jack L. Nasar 先生から教えていた

だいたことです．留学時代から今に至るまで，温かく，丁寧に英語そして研究の指導を続けてくださっていることをいつも感謝しています．また，複数の論文の共著者である Institute of Environmental Quality の Arthur E. Stamps III 博士にも感謝したいと思います．博士の厳格な研究，論文執筆態度は著者の中の大きな依るべき指針になっています．

　これまで著者が指導しながら共著で英語の論文を書いてきた元を含む大学院生の山岡（旧姓 三輪）佳子さん，畑倫子さん，白川（旧姓 陶）真裕さん，西本（旧姓 荊澤）和月さん，本山友衣さんの貢献も感じています．こうした論文の指導を通じて，本書に書いた内容の多くを意識化，言語化することができました．それは自分で論文を執筆していただけでは，おそらく意識することができなかったことです．ありがとう．みなさんはよい学生であり，研究者だと思っています．

　朝倉書店の編集部のみなさまにも感謝します．いただいたアドバイスは常に的確で，この本に有用性があるとすれば，その多くをみなさまのアドバイスに負っています．最後に，執筆の時間を確保してくれた家族にも感謝したいと思います．この本のことはきっと執筆時の子供たちの幼稚園と小学校の学年とともに思い出すことになると思います．

　2014 年 研究倫理がいつになく世間の話題になった春に著者記す

Contents
目　　次

1. 本書の目的について ………………………………………………… 1
   1.1 心理学の英語論文を書く利点 ……………………………… 1
   1.2 本書の背景 …………………………………………………… 4
   1.3 本書の利用法 ………………………………………………… 6
   1.4 なぜ査読者は厳しいのか …………………………………… 8
   1.5 accept される論文と reject されない論文 ………………… 9

2. 構成・展開・文章のスタイル ……………………………………… 11
   2.1 論文の構成 …………………………………………………… 11
   2.2 書かなければならないことを全部書く …………………… 12
   2.3 言えることを言い，言えないことは言わない …………… 13
   2.4 お話は一本道に ……………………………………………… 15
   2.5 ここでのストーリーとは展開と構造のことである ……… 16
   2.6 砂時計型の構成：一本道だが広い道から狭い道に至り最後はまた広い道へ出る ……………………………………… 17
   2.7 羅列はストーリーではない ………………………………… 19
   2.8 完璧な研究などありえないということ …………………… 20
   2.9 理解しやすくするために最大限の努力をする …………… 21
   2.10 順序の規則 …………………………………………………… 23
   2.11 並列の規則 …………………………………………………… 24
   2.12 1つは例外，2つは限定，3つは普遍 ……………………… 26
   2.13 読者の心の中の理解の速度を一定にする：パラグラフライティング ……………………………………………………… 26
   2.14 抽象レベルと具体レベルの行き来：文章の階層性 ……… 28
   2.15 同じ内容は繰り返されるたびに凝縮される ……………… 30

- 2.16 難しいことは易しく，易しいことを難しく書く 31
- 2.17 論文の構成と文章に必要なことをまとめると 32
- 2.18 あなたのおもいをぶつけすぎてはいけない 33

3. 文体・文法の原則 35
- 3.1 一文の長さ 35
- 3.2 単純な構造の文を心がける 39
- 3.3 接続詞がカギである 42
  - 3.3.1 文頭に And と But を使わない 42
  - 3.3.2 関係性の低い節をつなげる and を使わない 43
- 3.4 時制は読者が論文を読んでいるときが現在である 44
- 3.5 否定形の助動詞の省略形は使わない 44
- 3.6 コンマ，コロン，セミコロン，ハイフンの使用法 45
- 3.7 ダブルクォーテーションとシングルクォーテーションとの使い分け 47
- 3.8 e.g., i.e., cf. は何を意味するか 47
- 3.9 論文の定型文と剽窃 48
- 3.10 自信を持って使える表現・構文を増やす 53

4. 単語の選び方 54
- 4.1 名詞は変えない 54
- 4.2 動詞は繰り返さない 54
- 4.3 冠詞・名詞の単数形と複数形・可算名詞と不可算名詞 .. 56

5. 自分の英語力を過信しない 61
- 5.1 受験英語を疑う 61
- 5.2 自信のない文を気合で書かない 63

6. 内容の法則 65
- 6.1 title/タイトル 65
- 6.2 authors and affiliation/著者と所属 67
- 6.3 abstract/要約 68

- 6.4 keywords/キーワード ·· 70
- 6.5 introduction/序論 ··· 71
  - 6.5.1 introduction の構成 ·· 71
  - 6.5.2 introduction をいつ，どのようにして書くか ················· 74
  - 6.5.3 introduction を書くときのもうひとつの視点 ················· 76
  - 6.5.4 心理学以外のジャーナルへの introduction ···················· 77
- 6.6 method/方法 ··· 78
- 6.7 results/結果 ·· 81
- 6.8 discussion/考察 ··· 86
  - 6.8.1 discussion の構成 ·· 86
  - 6.8.2 成果をディフェンスする ······································ 90
  - 6.8.3 結果を繰り返す際の注意 ······································ 91
  - 6.8.4 discussion を書くときのもうひとつの視点 ··················· 92
- 6.9 notes/注釈 ··· 93
- 6.10 references/引用文献 ··· 94
  - 6.10.1 日本語文献・論文の引用 ······································ 97
- 6.11 acknowledgements/謝辞 ·· 98
- 6.12 appendix/付録 ·· 99

7. 論文の構造分析 ··· 100
  - 7.1 論文の構造分析の薦めと方法 ·· 100
  - 7.2 introduction 実例分析 ·· 101
    - 7.2.1 分析対象 ·· 101
    - 7.2.2 introduction の構造分析の分類カテゴリー ···················· 102
    - 7.2.3 分析例における表記・記号の説明 ······························ 104
    - 7.2.4 分析例 ··· 104
      - ［例1］単純な構造の典型的 introduction の例 ··················· 104
      - ［例2］仮説を説明するという目的を明確に果たした introduction の例 ··· 106
      - ［例3］引用の多い introduction の例 ····························· 108
      - ［例4］引用の少ない introduction の例 ··························· 110

　　　　［例5］学術以外の材料をうまく使っている introduction の例 113
　　　　［例6］幅広い問題をよくまとめている introduction の例 117
　7.3　discussion 実例分析 121
　　7.3.1　分析対象 121
　　7.3.2　discussion の構造分析の分類カテゴリー 121
　　7.3.3　分析例 122
　　　　［例1］成功した複数の実験の discussion の例 122
　　　　［例2］解釈の余地が少ない明確な結果に対するシンプルな discussion の例 123
　　　　［例3］結果の重要性や意義の解釈がやや長い discussion の例 125
　　　　［例4］分析単位のほとんどすべてを持つ典型的な discussion の例 · 127
　　　　［例5］将来の研究の方向性に重点が置かれた discussion の例 129
　　　　［例6］問題解決的・応用的な方向性が強い研究の discussion の例 · 131
　　　　［例7］実務的貢献を示す discussion の例 133

8. **table/表と figure/図の作り方** 135
　8.1　table/表 136
　8.2　figure/図 137

9. **投稿の準備** 144
　9.1　どのジャーナルに投稿するか 144
　9.2　投稿先のジャーナルの形式に合わせることと一応調べておくべきこと 145
　9.3　cover letter/同封する手紙の書き方 147
　9.4　二重投稿と分割投稿の禁止 147

10. **再投稿の準備** 149
　10.1　revision/書き直しの心構え 149
　10.2　reject/不採用になったらどうするか 151
　　10.2.1　理由が「ジャーナルに合わない」のとき 152
　　10.2.2　理由が「質や重要性が十分ではない」のとき 152

10.2.3　理由が「修正しにくい重大な問題」のとき ················ 156
　　　10.2.4　理由が「解決できない問題」のとき ······················ 156
　　　10.2.5　また reject/不採用になったらどうするか ················ 157

11. よくある質問と答え（Q and A） ······························ 158
　11.1　文・文章・構成について ·· 158
　11.2　引用について ··· 162
　11.3　投稿について ··· 164

12. 英語で心理学の論文を書くために必要なモノ ···················· 168
　12.1　辞書と文法書 ··· 168
　12.2　コンピュータとインターネット環境 ······························ 168
　12.3　一定の英語力 ··· 169
　12.4　よい研究 ··· 169
　12.5　経験と自分のスタイル ··· 171

13. 学習のための参考図書 ······································· 173
　13.1　英語の心理学論文の書き方の参考書 ····························· 173
　13.2　英語の文法・表現・書き方のための参考書 ······················· 176
　13.3　心理学の論文を書くための参考書 ······························· 177
　13.4　論文を書くための心構えの参考書 ······························· 178

引用文献 ··· 180

　Column 目次

　わかりやすい文章と読みやすい文章 ································· 33
　場所の表現 ··· 38
　インパクトファクター（IF）について ······························· 102
　分割投稿とサラミ論文 ·· 148
　論文を書くことによるアイデアだし ································· 162

Chapter 1
本書の目的について

1.1 心理学の英語論文を書く利点

　学術領域によっては，英語で書いた論文以外は事実上業績にならないような学術領域もあり，また英語で論文を書くことがほとんどない領域もある．心理学はその中間であり，英語で論文を書くことや書く人も珍しくはないが，英語で書かなければいけないということもないし，書かない人は書かずともとくに問題はないようである．しかも，英語論文は日本語論文よりも書くのも，読むのも労力も時間もずっとかかる．それではなぜ心理学の論文を英語で書こうとするのか．英語で論文を書くことには，こうした苦労を超えるいくつかの明らかな利点がある．以下にそうした利点のいくつかを挙げてみよう．

1) **多くの人に読んでもらえる**

　　たしかに日本語で書いたほうが日本国内では読まれやすいだろう．しかし，日本語が読める人間は，たとえ研究者・学者であっても世界では相対的に少数である．しかし，英語が読める研究者や学者は，英語圏にとどまらず世界中にいる．英語は英語圏の言語というよりも，学問・研究の世界では現在の標準言語になっている．したがって，とくにマイナーな研究領域・対象で，日本国内にはごく少数しか同業の研究者がいない場合でも，世界を相手にした場合にはかなりの数の同業者がいて，英語で書けば彼らに読んでもらえる機会が増えるのである．

2) **引用される機会が増える**

　　読んでもらえる機会が増えれば，引用してもらえる機会も増える．さらに，この本の中でも説明するが，英語で書かれた論文では，introduction/序論における文献レビューを，日本語の論文よりもかなり分厚く行うことが多いので，英語で活動している研究者は常に自分と関係がある論文に関

して検索を行っている．そのため，英語で書かれた論文が引用をしてもらえる機会は，日本語の論文よりもずっと多くなる．そして，一度重要な論文で引用されれば，その研究はその研究領域の構成する知的構造の一部となり，その後は同じ内容，文脈で頻繁に引用されるようになる．

3) **国際的な知名度と機会が得られる**

何本か同じテーマの英語の論文を発表する，あるいは同じジャーナルにいくつかの英語の論文を載せると，ある程度の国際的な知名度が得られる．こうして研究者として，あるいは研究が認知されると，海外の研究者との交流が促進される．国際学会で会った際にも，あるいは e-mail などで連絡をとりたいと思った際にも，同じ領域の研究者であれば，知っていてくれることもあるし，論文の内容を告げれば論文を思い出してもらえることもある．直接会った場合には，論文の reprint/別刷りを渡してもいい．pdf ファイルであれば，e-mail に添付することもできる．肩書きを書いた名刺も大事だが，研究者はやはり研究の名刺が大事であり，英語論文は海外研究者向けの研究の名刺である．

こうして知名度が得られ，海外の研究者との交流が進めば，いろいろな機会が得られる可能性が高まる．シンポジウムやワークショップの発表者を依頼されることがあったり，国際比較研究の共同研究者に誘われたりすることもある．また英語論文を増やすうちに，海外のジャーナルから reviewer/査読者の依頼が届くようになるだろう．自分で reviewer/査読者をやる機会は，非常に勉強になると同時に，海外のジャーナルの査読過程を深く理解するこの上ない機会になる．

4) **研究のネットワークに加われる**

日本と同様に，あるいはそれ以上に海外では研究者間の非公式な形でのネットワークが広く構成されている．共同研究者，大学院の同級生・同窓生，師弟といった濃い関係から，同じ学会の編集委員，同じ学会員としてのよく会う顔見知りというような淡い関係までを含め，さまざまな濃度と広がりを持つネットワークが研究領域を覆っている．

こうした非公式のネットワークを通じて，さまざまな情報が伝達され，共有され，またある種の同意や意思決定が行われている．そして，こうしたネットワークの一部では，投稿前の論文に対する相互のアドバイスが日常

的に行われている．大学院生や若手研究者だけではなく，すでに何十本もの投稿論文を持つ一流の研究者やジャーナルの編集委員クラスでも，同業者に投稿前の論文のdraft/草稿を読んでもらいコメントやアドバイスをもらうということが行われている．

海外の研究者と交流を持つということは，こうしたネットワークの一部に加えてもらえるということである．研究の相談にのってもらったり，論文の原稿にコメントやアドバイスをもらったりすることができるようになる可能性が高まる．また，いろいろなジャーナルに関する実体験に基づく情報や評判を教えてもらうこともできるかもしれない．こうしたことが，海外のジャーナルへ論文を投稿する際に役に立つことは言うまでもないだろう．

5) **業績として高く評価される**

就職の際，あるいは官公庁などの公的な評価の際，英語の査読論文の業績としての評価点はとても高い．また，上に書いたように被引用数を増やす効果や後述するインパクトファクター（IF）の点でも英語のジャーナルは，日本語のジャーナルよりも高い傾向がある．したがって，英語の査読論文を持っておくことは，求人への応募や研究費の申請などの際に有利に働く．こうした機会以外でも，若手の研究者や大学院生が英語の査読論文を持っていることは，本人の研究能力と英語力を示し，研究者として高い適性を持つ何よりの証明書になる．

6) **再投稿しやすい**

英語のジャーナルは，日本のジャーナルと比べて数がとても多い．したがって，投稿先の選択肢が増える．論文が採用されなかった際にも，再投稿先が多いことになる．日本語で書いた論文では，2つくらいのジャーナルに採用されなければ，査読のない紀要や機関の報告書のようなところで発表することになりがちだが，英語の論文であれば，その気になれば4回5回とジャーナルを変えて，再投稿を続けていくことも可能である．そういう意味では，英語で書いた論文のほうが最終的に査読つきのジャーナルに掲載されやすいのである．

7) **達成感がある**

英語で論文を書くのは大変である．採用されるまでの過程は，さらに長くつらい道のりになることが多い．それだけに，採用され，掲載された論

文を見ることで大変な達成感が得られる．

　こうした英語論文を書く理由のうちのどれかに共感できる人は英語論文を書いてみることをお勧めする．また，博士論文の執筆要件のひとつとして英語論文を書かなければならない大学院生もいるようである．本書はそうした人のための，英語の心理学のジャーナルに掲載される，つまり accept/採用される論文を書くためのコツについての本である．優れた論文を書くための本ではなく，採用・掲載される論文を書くことに重点を置いていることが，よくもわるくも類書との違いと言えるだろう．また，研究の内容よりも，論文の構成やスタイルに重点を置いていることも本書の特徴である．そのため本書で言うよい論文はしばしば採用・掲載されるレベルや構成の論文を意味していることを覚えておいてほしい．

　優れた論文を書くためには定評があるすばらしい多くの成書がある．また，英語論文・学術英語の書き方に関する入門書や学習書も充実している．そのため，本書は論文指導そのものや英語の技術に関する方法については，そうした優れた成書にゆだね，もっぱら採用されやすい論文を書くためのコツという観点から書かれている．

1.2　本書の背景

　こうした本を書こうとした動機は，英語で心理学の論文を書き始めたばかりの日本人の英語論文には共通する問題点があることが多いと感じてきたからである．そうした問題点は学生の論文指導の際に頻繁に指摘・修正してきたことであり，投稿した際には彼ら学生が reviewer/査読者から問題点として指摘されることが多いことでもある．しかし，そうした問題点は同時に，著者自身がこれまで多く指摘，指導されてきた点でもある．著者はこれまで，自身で書いた英語の論文に対して第一線にいるネイティブの研究者たちから多くの指導やコメントをいただいてきた．それはいまだに続いている．また，論文投稿時に受けてきた reviewer/査読者からの評価やコメントにおいても同様の問題を指摘され続けている．こうしたことから，このような問題は，日本人の英語論文初学者にある程度共通する課題なのではないかと思い始めた．本書の著者は英語の専門家ではないので，本書は英語論文の書き方の技術や英語そのものの使用

1.2 本書の背景

法を指導するという気持ちではなく，これまでの著者の情報や経験を共有したいという思いから書かれている．著者も英語論文の執筆にもがき苦しみ，reject の経験を繰り返しておちこむ研究者のひとりである．

本書で紹介した情報は，主に英語圏の心理学の研究者からの指導やコメント，英語のジャーナルへの論文投稿の際の reviewer/査読者の評価や指摘などから学んできたものであり，また留学時に受けたアメリカの大学・大学院におけるアカデミックライティングの実習や国内外の同僚研究者との共同執筆の機会などから学習してきたものである．そして，著者が英語の論文の reviewer/査読者をする際の基準の一部として意識してきたことであり，大学院生の論文指導の際に心がけてきたことである．こうした個人的経験による内容なので，内容に濃淡はあるだろうし，あるいは非常に個人的で偏ったものかもしれないとは感じている．そもそも accept/採用されない「悪い論文」は明らかにあるが，accept/採用される「よい論文」の形は多様であろう．したがって本書が示すコツは，解のひとつであり，唯一の解ではないことは明らかである．また，論文・英語論文・心理学の英語論文を書く上で常識に近いことから，個人の偏見に近いものまでが混在している．読者の皆さんはすべてのコツに従う必要はない，むしろ批判的に捉えることができればそれは望ましいことかもしれない．一番大切なことは「心理学の英語の論文」を書く際には，内容だけではなく構成と文体にも細心の注意を払うことが必要であるということに気が付き，執筆の際にはそれを常に意識するということである．そして内容だけではないと言ったが，構成や文体も内容と強い関係があり，構成や文体自体も論文の評価の対象となる「内容」の一部であると思ってほしい．それは英語の論文に限らず，日本語の論文でも同様である．

こうした経緯から書かれた本書がとくに想定する読者は，心理学あるいはその周辺領域を専攻する大学院生や若手の研究者で (1) これまで英語の論文を書いた経験が少ない，あるいはない者や (2) 英語の論文をすでに書いたことがあるが，accept される確率が低いことを悩んでいる者だが，(3) 英語の論文を書くのは敷居が高いと感じている人たちや (4) 英語の論文を書きたいなと感じ始めた人たちにも読んでいただきたい．

また，本書の内容は心理学の研究を想定したものであるが，他の人文・社会

科学においても実証研究の報告[*1]をする英語論文の執筆には利用できるコツも多いのではないかと感じているので，そうした領域で英語論文に悩んでいる，書こうとしている学生・院生・若い研究者のお役に立てるかもしれないと期待している．

1.3 本書の利用法

次に本書における利用法と注意点を述べておく．

「まえがき」でも書いたように，基本的には本書はマニュアルではなく独習のための教則本として書いたつもりである．教則本という意味は，情報を示すということよりも，学習すべき技術の内容とともに，その技術を身につけるための学習法を示すことを重視するということである．そして，とくに前半（1～6章）は読み物的な形式にした．それは，まだ慣れない者が外国語での論文を書くという非常に頭を使う状況では，内容を考え，文法的に正確な表現をするということだけでいっぱいいっぱいになっており，すぐに細かい指示のすべてに従うことは難しいと考えているからである．そうした状況では，大まかな方針や考え方がまず役に立つのではないかと思う．そのため，まずはマニュアル的に細かい技術を示していくのではなく，むしろ大きな方針，考え方が頭に残るようにと思い，読み物的な構成にした．そして，細かい技術の指示はその読み物の一部に組み込み，必要に応じて適宜利用してもらえればいいという形で書いている．一方，後半（7～13章）では，具体的な例をなるべく多く提示した．ここでも，網羅的に情報を提示するというよりも，知っておいたほうがいいこと，間違えがちなことというような，重要性が高いことを中心に説明をした．

本書の利用法だが，本書の構成は基本的に章ごとに独立しているので，読者は頭から順番に読む必要はない．必要な章，興味のある箇所から読みはじめても内容は理解できるようになっている．今読んでいる「1 本書の目的について」を読み終えた後は，必要を感じるときに，必要な箇所を読んでもらえばいいと思う．

[*1] つまり何らかの形でデータやその分析を紹介する論文である．思想，主張や見解，思弁的な分析だけを表明するような論文ではないということである．

たとえば，本当に初めて英語で心理学の論文を書く大学院生などは，実際にどんな内容をどんな形式・スタイルで書いていくのかを説明した「6 内容の法則」「8 table/表と figure/図の作り方」「9 投稿の準備」をまず読んでほしい．論文を書き，投稿するときに具体的に何をすればいいのかがわかるだろう．「10 再投稿の準備」は論文審査の過程が進み，revision/書き直しを行うときに読めばいいだろう．また「10.2 reject/不採用になったらどうするか」の節は読む機会がないに越したことはないと思うが，現在の論文採用率を考えるとほとんどの人が直面せざるを得ない状況への対策であり，またエールのつもりである．少しでも助けになればうれしいと思う．めげずに先に進んでほしい．

「2 構成・展開・文章のスタイル」「3 文体・文法の原則」「4 単語の選び方」「5 自分の英語力を過信しない」などは，初めて英語論文を書く完全な初心者ではなく，むしろこれまで何度か英語論文を書いたことがある大学院生や若手の研究者にこそ参考になるように書いている．彼らはこれらの章を実感を持ちながら読めるのではないかと思う．初めて英語論文を書く者にも読んでほしいが，しかし，ある程度英語論文作成の経験を積んだのちに再読してみてほしい．そのときにこそ，それぞれの内容が実感を伴って理解できるのではないかと思う．

「7 論文の構造分析」は，日本語の心理学の論文との間にもっとも明確に違いがある，英語の心理学論文の introduction/序論について，具体的にどのような構成になっているのかを示すために，文章の構造を分析したものである．また，introduction に対応している discussion/考察についても同様の分析をした．こうした英語論文の introduction と discussion の特徴を意識することが英語論文を書くためにとくに必要なことなので，特別の章立てをした．本書の特色をよく示す章である．詳しい分析の例をなるべく多く示したので，ぜひ時間をかけて，英語論文の introduction と discussion の特徴をよく実感してほしい．また，自分と関係が深い領域の論文に対して，同様の分析を試みていただきたいと思う．英語論文作成技術の向上に確実に役に立つだろう．

「11 よくある質問と答え（Q and A）」は，心理学の英語論文の作成と投稿においてよくある疑問点について質問解答方式で答えたものである．また，本書の他の部分にはうまく当てはまらなかったが，それでも重要な事柄に関してもここで説明している．架空の質問も含まれているものの，ほとんどは実際の質問なので，共有や共感できる質問を見つけられるのではないかと思う．参考に

してほしい．

また本書は「優れた論文」の書き方や「英語論文・学術英語の書き方に関する入門書や学習書」としての内容は網羅的に紹介していない．そうした内容に関しては「13 学習のための参考図書」で定評のある成書を紹介するので，必要に応じて参考にしてほしい．また，「12 英語で心理学の論文を書くために必要なモノ」でも，心理学の英語論文を書く際に必要だったり，役に立ったりする文献や機器を紹介している．

最後に，本書においては基本的に「文」は1つの文を，「文章」は文の連なりを意味するような意識で書いているが，自然な表現を心がけた例外もあるかもしれないので，その際は文脈に応じて適切に理解していただけるとありがたい．また，複数の用語が羅列されている際の区切りの記号として「/」は言い換え，「・」は「と」や「and」のつもりで書いているが，一貫していない箇所があったらお許しいただきたい．ご指摘いただければ，以降（もしあれば）の刷で修正したいと思う．

1.4　なぜ査読者は厳しいのか

学会発表では好評だった研究が，査読では酷評されるという経験は多くの研究者が持っているだろう．なぜだろうか．これは，学会発表では，基本的に研究のよい点が議論されるために好評を受けていると感じられるのだが，査読では主に研究の問題点を指摘するために，同じ研究であっても酷評されているという印象を受けるのである．

なぜ，reviewer/査読者は論文のよい点ではなく，問題点だけに注目するように思えるのだろうか．それは，reviewer/査読者もまた editor in chief/編集責任者[*2]や他の reviewer/査読者に評価されていることを意識しているからである．ほぼすべての投稿論文が，投稿されたままの形で掲載されることはなく，少なくともある程度の書き直しの上で掲載されるということを考えると，reviewer/査読者に期待されている仕事は，論文の問題点を指摘することである．したがっ

[*2] 日本のジャーナルの場合には，編集委員会が，論文ごとに編集担当者を決定し，その編集責任者が reviewer/査読者を決定するという2段階になることが多いが，海外のジャーナルでは，1人の編集責任者がすべての論文の reviewer/査読者を直接決定していることが多いようである．

て問題を指摘しないのは，問題がないのではなく，見つけられない（能力の不足）か，見つけようとしていない（怠慢）のどちらかであると，reviewer/査読者は感じるのである．とくに採用率の低いジャーナル*3では，reviewer/査読者の主な仕事は論文の問題を見つけて落とすことと言ってもいいかもしれない．一方で編集責任者や reviewer/査読者は，投稿者に自分の判断を受け入れてもらえるかどうかという点も考慮している．つまり，編集責任者や reviewer/査読者は落とした（reject した）論文の著者から，「その判断は受け入れられない」と反論されることがないようにとも考えている．

1.5 accept される論文と reject されない論文

こうした点を考えると，ジャーナルに accept/採用される論文とはどんな論文なのだろうか．もちろん，新しい発見，理論，手法などの多くの読者の利益になる情報が示されているような，内容が優れており掲載する価値が十分に認められる論文，つまり originality/オリジナリティが高い論文は掲載される確率が高いだろう．

つまり reject されないためには研究の質を高めることが第一である．しかし，それ以外にも論文を作成する上で，accept される確率を高めるいくつかの注意点がある．そのひとつは，論文中で，研究の問題点や限界をよくわきまえて論文を書くことであろう．「よい点が多くある研究なので，多少の問題は目をつぶってほしいという」考え方は通用しにくい．論文を reject されないためには，弱点を最大限防御することが必要である．問題点はできうる限り正当化し，できない場合には，著者はその問題に気付いていることを示し，結果の解釈の範囲を限定しよう．その上で，なおかつ研究や結果に意義があることを示すことが必要である．

もうひとつの注意点が，論文の文章（文体・構成・展開）である．英語の論

---

*3 採用率はジャーナルの評価（と投稿数）と反比例する．科学系でもっとも高く評価されているジャーナルである *Nature* や *Science* の採用率は 10% 前後である．*American Psychologist* が毎年発表しているリストを眺めると，普通に知られているアメリカのジャーナルの採用率は 20～30% のようである．また電子投稿システムを採用したジャーナルは，投稿数が倍増している．これは，多くの科学領域で共通の現象で，とくに英米以外の国からの投稿数が激増していると言われる．その結果，採用率は全体的に強い減少傾向にある．

文には日本語の論文とはいくつか大きく違う特徴がある．すぐにわかることは，論文の量，つまりページ数の制限で，日本のジャーナルは厳しく制限されているが，海外のジャーナルでは基本的には制限はない^{*4}．日本の心理学系ジャーナルでは最大で 10 ページ程度までという規則になっていることが多いが，心理学系の英文誌では 20 ページ程度の論文は珍しくなく，30 ページに及ぶものもある．しかし，ページ数以外にもいくつかの大きな違いがある．また英語で文章を書くこと自体にも，academic writing/アカデミックライティングと言われる学術的な文章の書き方の決まりごともある．academic writing はネイティブであっても，大学・大学院レベルで学習することが必要な，かなり高度な技術である．こうした，英語論文の固有の特徴や学術的な英語の書き方に従うことが，海外の学術社会において，英語の論文を書く際に暗黙の上で必要であると認識されており，従わない場合には，著者の研究者としての能力や専門性が疑われ，内容にかかわらず論文の評価を下げることになる．

　以降の章では，こうした英語論文の特徴や academic writing のスタイルを踏まえ，日本人が英語で心理学の論文を書く際に必要な知識，技法，注意点を述べていきたい．

---

*4　制限はないが，しかし長いことが好ましいわけではない．「2.2 書かなければならないことを全部書く」で説明するように，英語で書かれる論文は日本語で書かれる論文よりも長くなる傾向があるが，必要以上に長くすることも避ける必要がある．各ジャーナルの総ページ数には制限がある以上，その資源を大きく使用するためには，必然性が必要になるため，長い論文ほど査読の基準が厳しくなるとも言えるからである．したがって，必要な内容が記載されている限りで，短ければ短いほどいいということも事実なのである．

Chapter 2
構成・展開・文章のスタイル

2.1 論文の構成

心理学の実験や調査を報告する論文の基本的な章の構成は次のようになる．
1) **introduction/序論**
2) **method/方法**
3) **results/結果**
4) **discussion/考察**
5) **references/引用文献**

実験や調査が2つ以上含まれる場合には，introduction の後に Experiment 1，Experiment 2, ... や Study 1, Study 2, ...[1][2]のような章を立て，そのそれぞれの章の中に，method と results の節をつくる．この場合，discussion の節も Experiment や Study の章ごとにつくり，そのあとに general discussion/総合考察の章を立てる[3]．

また，discussion の後に conclusions/結論という章を立てることもあるが，よっぽど実験・調査数が多い場合や，論文自体が長いものでない限りはなくともいい．しかし，投稿を予定しているジャーナルの平均的な形式に合わせておくことが無難である．

---

[1] Experiment 1 や Study 1 はそれぞれ，この論文の中での「固有名詞」扱いなので，常に大文字で始まる．このことは因子分析の結果における Factor 1, Factor 2 などでも同様である．

[2] 調査研究の場合に Research1, Research2, ... という章を立てたくなるかもしれないが，research は調査のことではなく，不可算名詞である領域，テーマ，対象に対する研究群，「研究の総体」を意味しているので使用しない．

[3] 別のやり方としては，discussion は Experiment や Study の章では行わず，全体の discussion で同時に複数の実験や調査の結果を考察することもある．この場合には results で discussion に相当する内容に関してもかなり記述することになる．

この構成にあわせて，心理学の論文は独自の型，様式に従った論文を書くことになる．この心理学の論文の型，様式は，歴史学のような人文科学の論文とも，経済学のような社会科学の論文とも，あるいは化学のような自然科学とも，医学のような生命科学とも違う，心理学独自のものである．心理学の論文は，理工系の論文とは違い，データや分析結果が研究の意義をそのまま示してくれるわけではなく，しかし，人文社会科学のように，興味深い視点を巧緻に展開したり，資料や知見を筋道を立ててまとめ上げたりして，説得力ある主張をするのでもない．心理学の論文はそのどちらでもないが，しかしそのどちらの要素も持っている．

introduction/序論と discussion/考察は人文社会科学のように論理的であること，説得力が必要だが，その間にはさまれた method/方法と results/結果は自然科学のような厳密な形式で必要な情報を正確に報告することが求められている．心理学は，自然科学と人文社会科学のどちらなのだという議論があるが，心理学の論文は学問としての心理学がどちらの性格も持っていることをよく示している．introduction では人文科学のような，筋道立った論理的展開が望まれ，discussion では，社会科学のように，多くの場合数値や統計結果として示された results/結果が何を意味しているかに関して説得力のある解釈をして，results の意義を伝えることが必要である．

こうした心理学論文の持つ独自の型や様式は英語論文ではとくに顕著である．以下では，こうした独自の様式を持つ心理学の論文を書いていくために注意すべきことを指摘していきたい．

2.2　書かなければならないことを全部書く

日本語の論文にはページ数の制約がある．また，大学院の新入生は，研究発表要旨・大会発表梗概など，必要な内容を短いページに収めることを多く要求されるので，まず，そうしたことへの意識や能力は向上していく．しかしながら，その一方で英語の論文のようにページ数に細かい制限がない場合に，十分に書かなければならないことを書いていく訓練が足りない傾向がある．

ページ数の制限のない英語の論文では，必要なことを書き尽くす必要がある．とくに日本語の論文を書く感覚では，introduction/序論の書き方が不十分にな

りがちである．英語の論文では，introduction における先行研究の review を読めば，その研究領域の背景や歴史が理解できるようにすることが必要である．日本語の論文のように，強く関係する研究や文献だけを紹介するというのとは全く違うことが期待・要求されている．このことを理解しないで，日本語の論文のつもりで英語で論文を書くと，introduction/序論の貧弱さが，論文全体の評価を下げることになる．つまり英語の論文と日本語の論文で一番違いがある部分のひとつが introduction であるので，とくに introduction に関しては注意を払う必要がある．

また先行研究を調べる必要性が日本人研究者では十分に認識されていないようである．自然科学のように知見や成果がかなり独立的に評価できる場合と違い，心理学のような人文社会科学では各研究の意義は，領域における他の研究との関係や文脈の中においてのみ評価される．人文社会科学においては，他の研究から独立した研究は，かりに画期的な成果を挙げていたとしても，評価されない，というか評価できない場合がほとんどである．そうしたことを考えると，可能な限り関係する研究のすべてを知っておく必要がある．また，特定の研究のみを参考にして，多くの研究成果を無視して行った研究は，欧米では評価されにくいということをよく認識する必要がある．それは趣味の研究であり，プロの研究者の研究ではない．

2.3　言えることを言い，言えないことは言わない

書かなければならないことを全部書くことが必要だが，その一方で，書いてはいけないことを書くことも避けなければならない．ここでの書いてはいけないこととは，倫理的に書いてはいけないことという意味ではなく*4，論理的に，あるいは研究論文の本質からして書くことができないことのことである．

その第一として，研究の結果からは言えないことを言ってはいけない．もち

---

*4 当たり前だが，倫理的に書いてはいけないことは，もちろん書いてはいけない．明確に偏見的な用語や表現を用いないことは当然であるが，社会・政治的に不適切とされる用語や表現は，日本人の想像以上に英語の使用法にはあるので，最大限の注意を払うことが必要である．こうした不適切な表現のガイドラインは APA の論文作成マニュアル（American Psychological Association, 2010）に詳しく記載されているので参考にしてほしい．

ろん結果に反することを述べたり，考察したりすることは許されないが，それをしてしまうことは少ないだろう．注意すべきは，実態よりも結果を強く，良く表現してしまうことである．たとえば，多くの実験の中で1つだけ良い（有意な）結果が得られた場合に，完全に仮説が支持されたような表現や効果が実証されたような記述をしてしまうことである．謙遜して研究の成果を卑下することは研究の重要性が不必要に低く評価されてしまう危険性があるが，研究の成果を過大に表現することも，著者の能力や見識を疑わせることになり，結果として研究の評価を下げ，重要性を低く見積もられてしまうことになる．査読においても評価を下げることになりかねない．

　心理学の研究においては理想的な結果が得られることはむしろまれであり，肯定と否定，成功と失敗が入り混じった結果が得られることでさえ，多くの場合にはすばらしい成果である．そうした結果をありのままに提示した上で，その結果を問題点や限界を含めてうまく説明し，研究や成果の重要性を示すことが心理学の論文の記述というものなのである．そして，結果のよさそのものだけで勝負するのではなく，結果の解釈で説得力を示せるようになることが大切である．

　言ってはいけないことの第二のものは，行った研究と関係が小さいことである．この後で説明するように，論文は1つのストーリーに沿って展開していくことが必要である．そのためには，そのストーリーを支えるために必要な内容を記述することが必要である．つまり，記述する内容の選択基準は，ストーリーへの関係性の大きさであり，それは内容そのものの重要性とは一致しないことがある．たとえば，非常に重要な先行研究や理論があったとしても，論文のストーリーとの関係性が低いものは，詳しく記述する必要はないし，むしろストーリーがわかりにくくなったり，ましてや破綻する場合には記述してはいけない．それらを記述したい場合には，ストーリー自体を変更，修正し，その先行研究や理論が記述されることが必然的なストーリーを組み立てることが必要である．しかし，研究の成果を報告する論文においては，その研究の目的や成果の意義の重要性を示すストーリーを組み立てることが最大の目標なので，それを歪めてまで，関係の小さい先行研究や理論を記述するようなストーリーにすることは本末転倒になってしまう恐れがある．あくまでも，書くべきこと・書けることを書くようにして，書きたいことを無理に書こうとしないことが必要である．

また，よけいなことを書きすぎてしまったと感じた場合の「消す勇気」は論文を書く上でもっとも必要なことのひとつである．

こうした点は重要なことなので，具体的に関係する場所で，何度か繰り返し指摘したいと思う．

2.4 お話は一本道に

論文にも小説のようにストーリーが必要である．単なる情報の寄せ集めを喜んで読んでくれる読者はいない．そして論文のストーリーは一本道にする．つまり，1つの同じ主題に関して展開していく．お話を一本道にするためには，最終的には自分の研究の仮説やリサーチクエスチョンの必要性が自然に，必然に示されるということから，遡って書いていくことが必要である．そのために，自分の研究を以下のどれかに当てはめることになる．

1) 既存の研究パラダイムの中で新しい変数に関して研究するならば，変数や構成概念とそれに関する結果や仮説・モデルを主な主題とする．
2) 既存の研究パラダイムの中で新しい方法論や精緻化を目指す，あるいは全く新しい研究パラダイムを提案するならば，方法論を主な主題とする．
3) 新しい対象やオリジナリティの高い研究においては，(1) 主流の研究の結果や仮説・モデルと (2) 新しい対象やオリジナルな点の重要性や必然性を順番に主題とする．

これらのいずれを主題とする場合でも，1つの主題について書いていくことが必要である．要因や構成概念について書くならばその視点だけで書く，方法論で書くならばそこだけに焦点を当ててストーリーを創るということである．もしも，上記の中の複数の主題を含まざるを得ない場合でも，それらを整理しないまま巡ることは避け，それら複数の主題を1つのストーリーの中に組み込まなければならない．くどいようであるが，いかに重要なことや魅力的な議論でも，その論文の主題に関係のないことは書かないという気持ちを常に強く意識し続けることが必要である．

こうした無駄のない，直線的な論理展開をするストーリーの文章は，日本語では名文とは言われないかもしれない．一例を挙げれば日本で名文の代表とさ

れることがある新聞の随筆・コラム，たとえば「天声人語」の文章は，意外な材料を組み合わせることで生まれる妙を競っているようなところがある．1つの主題を巡って，論理的にではなく緩やかに関係のある内容が連ねられていき，唐突に何かの結語めいたものが導かれる．これが，日本的な以心伝心の名文であるが，これは詩歌や芸術作品の 類(たぐい) の文体であり，論理的な文章とは言えない．こうした伝統を踏まえるならば，日本人が英語で論理的な文章を書く際には，文章を書くというよりも，プログラム言語でプログラムを書くくらいの気持ちでいたほうがいい．プログラム言語であれば，非論理的なプログラムは走らない．走るプログラムを書くくらいの気分で，英語の論文を書けばいいだろう．

　introduction/序論のとくに先行研究のレビューに関して言えば，重要性が高くどんな場合でも引用する必然性が高い研究も存在するが，そうした研究に関しても，結果や仮説の視点から引用する，あるいは方法論の視点から引用するなどを考慮して，主題のストーリーにあわせて引用することが必要である．

　もちろん，内容の必然性により，方法論と要因・構成概念の双方について1つの論文の中に書く必要性がある場合もありうるが，その場合にも片一方に関して書いたのちに，「必然性のある形でストーリーを展開し」，もうひとつについて，同じストーリーの中で書く必要がある．

　つまり，レビュー（展望）論文[*5]とは違い，自分の実験・調査結果を報告する論文のintroductionでは，研究のテーマに関係するすべてを，複数の視点から紹介する必要はない．1つの視点，ストーリーに従って，そのストーリーを完成させることだけが必要である．

2.5　ここでのストーリーとは展開と構造のことである

　1つ大事な点だが，ここでの「ストーリー」とは，主題に沿った理解しやすい論理的な展開の構造を持った論文を書くということを意味しており，全面的に主観的な文章を書くということを意味しているわけではない．もちろん事実を歪曲するために情報を不当に取捨選択したりすることでもない．科学的な論

[*5] 本来のレビューとは研究を要約し，紹介することではなく，従来の研究を新しい視点から再解釈し，意義や意味を再構築することであるので，実際にはレビューにもストーリーが必要である．

文には客観的な視点が必要だし，情報・事実の選択的利用や歪曲が許されないことは言うまでもない．ここでのストーリーとはストーリー展開，つまり論文の内容というよりも主に論文の構造・構成に関することである．研究結果や事実・情報を無視や軽視した，単に自己の主張や考えだけの論文を書く，書いていいという意味ではないことにはくれぐれも注意してほしい．

2.6 砂時計型の構成：一本道だが広い道から狭い道に至り最後はまた広い道へ出る

　論文全体の構造として，砂時計型の構成を心がける．これはアカデミックライティングの授業で，論文の構成の基本として繰り返し教えられることである．論文は基本的に introduction → method → results → discussion と進んでいくわけだが，砂時計型とは次のようにすることである．

1) introduction/序論は広く始まり，少しずつ道を狭めていく．
    a) 広く始まる．まず「対象とする研究テーマの社会的意義や興味深さ」「研究テーマの学術的意味」「テーマに関する最重要研究・パイオニア研究の紹介」などの記述から始まることが多い．ようするに研究テーマの社会的・学問的位置づけをする．文頭のつかみであり，簡潔で力強い文章が求められる．
    b) 少し狭めていく．つかみで示したテーマに関して定義を行い，意味を限定していく．第一人者のよく知られた定義があればそれを紹介し，複数の定義があるならば自分の研究の立場に近い定義を紹介することを忘れない．
    c) さらに狭める．定義に続いて，先行研究結果や既存のモデル・仮説を紹介する review/レビューを行う．具体的なレビューの仕方はこの後（☞2.14）で説明するが，大まかに言えば重要性の高い研究から自分の研究に近い研究へと導いていく．
    d) さらに狭めて目的と一致させる．レビューの最後は，自分の論文の purposes/目的（☞6.5）に直接つながるようにする．
    e) ひとりしか通れない狭い道にする．レビューの最後は自分の論文の目

的の必然性，必要性を示すことが必要である．そのため，研究成果に対する批判，あるいは研究自体の不在，不足を示す記述がされ，それを受けて目的として，仮説やリサーチクエスチョンが示されることで，introduction は終わる．つまり目的は研究の方法と対応するために，独創性・創造性を発揮する余地はなく，必然的に（ひとりしか通れない狭い道のように）決定される．

2) method/方法は実際に行った研究によって必然的に決定される．目的の記述に関しても，狭い一本道であり，必要な事実を述べていく．文体の違いはあるだろうが，理論的には，ある研究に対する method は訓練を受けた研究者であればほぼ同じ内容が記述されることになる．

3) results/結果も狭い一本道である．実験や調査によって明らかになった事実のみを記述する．results も理論的には，訓練を受けた研究者であれば基本的には同じ内容が記述されることになる．

4) discussion/考察でまた道が広がっていく．

　仮説との関係，先行研究との関係，結果の示唆すること，など少しでも著者の独創性や創造性が発揮される余地がある内容は，結果ではなく考察の内容である．

　a) まず，results の内容の意味を解釈する[*6]．仮説があれば，仮説が支持されたか，支持されないかを示す．仮説ではなく，リサーチクエスチョンを立てた場合には，リサーチクエスチョンに対応する明らかにされた内容を記述する．この部分はかなり自動的に内容が決まってしまう，まだ狭い道の部分である．

　b) 少し広げる．先行研究や既存の理論・モデルとの関係を検討する．解釈の妥当性を強化する．別の解釈を指摘した上で，それを論破する．つまり，自分の解釈をディフェンスする（☞ 6.8.2）．ここからは著者の独創性・創造性を発揮できる部分で，道は広がっていく．

　c) 最後に大きく広げる．先行研究や既存の理論・モデルを離れ，研究結果

[*6] 実際には，ページに余裕があったり，ある程度長い論文であれば，discussion の頭は整理された results のまとめをしておくことが多い．

が示唆する内容を，広く展開する．新しくモデルや理論を提唱する．科学的，理論的な必然性からある程度解放され，社会的意義や学術的な可能性などを示してもいい．

2.7　羅列はストーリーではない

　一本道にするということは単純に情報を羅列していくことを意味しているわけではない．一本道が意味することは，話が多岐にわたらず，1つの主題や視点に沿ったストーリーを展開していくことである．複数の主題が錯綜しないことや，いろいろな主題が最終的に合流して1つの結論に至るような展開を否定しているだけであり，情報を順番に並べたような構成を薦めているわけではない．

　むしろ，単なる情報の羅列は多くの場合ストーリーを生み出さない．関係する先行研究をいくつかならべて紹介しただけのintroduction/序論や，結果を順番に要約しただけの考察にはストーリーがあるとは言えない．情報の羅列ではなく，ストーリーがあるということは，つまり情報・文のつながりに必然性があるということである．命題*7（論点・主張・意見）の提示，前提・定義の規定，仮定の設定，必然的な帰結，命題を支持する実例の提示，反例や例外の提示，反例や例外と主張の折り合い，などの一般的な論理的な展開の部品を用いるということである．

　こうした部品を駆使した，心理学の論文における典型的な論理的ストーリーの展開の方法としてはこんなものがある．

1) 演繹的論理展開

　　ある理論（モデル，思考法）を正しいとみなし，ある内容（前提）からその理論に導かれる必然的な展開・帰結を導出し，あらたな正しい命題として主張する．

　　「then・thus・therefore（したがって）」のような言葉に導かれる展開である．先行研究の示した結果や既存の理論・モデルなどから自分の研究の仮説を立てる場合や，研究の結果から何か示唆を行うような場合に用いられる．「したがって」，introduction/序論でもdiscussion/考察でもよく使わ

---

*7　命題とは，正しさを判断できる，あるいはするための，言葉や記号で表現された主張のこと．

れる.

2) **帰納的論理展開**

ある命題の検討をする場合に,複数の事例を並べ,そこに共通する要素を抽出し,ある主張(命題の答え)を見つけ出す.

複数の先行研究や事例を挙げた後に,そこに共通する一般的な法則・意味を導く際に用いられる展開である.この展開も仮説を立てる際に使われるが,演繹的展開とは違い,論理的に導かれる新しい現象や効果を提案するのではなく,ある現象に対する既存の説明のうちの証拠や支持の強い一番有力なものを選び,その研究の仮説とする感じになる.

3) **弁証法的論理展開**

まず1つの命題を支持する例[テーゼ]を提示し,次にそれに反する事例[アンチテーゼ]を示す.その上でテーゼとアンチテーゼの矛盾を克服し,解決した統合命題(解釈・理論)[ジンテーゼ]を提案する[*8].

弁証法的展開は命題(主張や意味内容)の持つ限界や例外に関する説明をすることで,実証科学における論証としてはむしろ妥当性が高くなり,説得力のある強力な解釈や説明を示すことができる.

こうした文章の論理展開のパターンを適宜用いて,単なる情報の羅列ではない,読者が興味を持続できるストーリーを持つ文章を書くことが必要である.

2.8 完璧な研究などありえないということ

論理的な,一本道のストーリーを持つ論文を書くことが必要だと述べてきた.しかし,どんな研究でも,実施してしまった研究法,収集できたデータ,そして分析結果はけっして完璧ではない,あるいは論理的に言って不完全であるという現実にも,すべての研究者は直面させられる.「コントロールすべき要因の扱いに不備があった」「n の数(サンプルサイズ)が足りなかった」「肝心な結果が有意にならない」というような問題をすべて免れるような研究はほとんどない[*9].したがって,論文を書くという行為のもうひとつの面は,いかにして

[*8] ここでの弁証法という用語は,正確に言えばヘーゲル的弁証法の理念・運動的な部分を意識しない,形式だけを残した部分のことである.

[*9] どこかにはあるのだと思うが,残念ながら手に入れたことはない.

そうした傷をカバーしながら，論文のストーリーを維持し，正当化するかということになる．

　こうした，不備・問題点を言い訳し，正当化しながら文章を書いていくという行為は，当然のことながらとてもつらいことである．しかし，研究に少しでもいいところがあるならば論文化するという気持ちを強く持たない限り論文の数は増えない．そして繰り返しになるが，現実的には欠点の全くない研究などないと考えたほうがいい．論文を書いているさなかに頭に浮かんでくる「次はもう少しまともな研究法で集めた，言い訳のいらない，有意差の出るデータで論文を書こう」という思いはとても重要なものである．こうした思いが研究者としての向上につながることは間違いない．しかし，いつまで経っても「完璧」な研究が行われることはないとも思おう．

　不備のある研究を論文化していくのが，研究者の仕事なのだ．「なんでこんな言い訳がましい論文を書かねばいけないのだ」と不快を感じながらも，完成に向けて粛々と論文を書いていくことが必要であり，それがプロの研究者の姿である．

2.9　理解しやすくするために最大限の努力をする

　論文を書く上でのもうひとつの大切なこととして，読みやすさがある．論文の読みにくさ，理解しにくさは，accept/採用の判断に非常に不利な影響を持つ．reviewer/査読者は問題点を見つけるために批判的に読んでいるのだから，行間を読んでもらうことを期待してはいけない．わからない部分は著者に不利なように解釈されると思っておく必要がある．

　そもそもreviewer/査読者は自分のために自発的に読んでいるわけではなく，（忙しい中）職務上の義務として読んでいるのだから，それほど好意的な気分で読んでいることを期待してはいけない．したがって，わかりにくい論文は，著者の努力不足を感じさせることからもreviewer/査読者に不快感を与え，論文の評価を下げる．

　また，掲載された後でも，読者が全力で論文を解読してくれると期待してはいけない．ごく少数の完全な同業者以外は，何かの機会でふと目につき，少しのあいだ眺めてくれる読者がほとんどである．そうした読者は，ざっと斜め読

みをすることがせいぜいであり，論文がわかりにくいと感じれば読むのをやめてしまうかもしれない．

このように，わかりにくい文章は論文の価値をいちじるしく低下させるので，わかりやすい文章を心がけることは当然だが，それ以外にも読者の理解を容易にするために次のような工夫をする．

1) **箇条書き**

ここでやっているように，文章をリスト化することである．

2) **ナンバリング**

3つ以上の内容を並列するときには，文中にも 1), 2) ... を使って，ナンバリングをする．

3) **図表化・写真**

文章と違い語学力のハンデが付かないので，できるだけ多くの内容を図表で伝えるように心がける．質の高い図表や写真は論文の印象をよくする．

4) **変数の大文字化**（例 FEAR）や **Italic 化**（例 *Fear of Crime*）

変数を地の文章からポップアウトさせることで，読者はそうした言葉が，一般的な意味ではなく，この論文中で用いられている変数であることを理解しやすくなる．

しかし，こうした技法を用いる場合には，同時に以下のことにも注意する．

 a) 直感的に理解しやすい変数名を用いる．つまり，なるべく意味のある単語になっていたり，システマティックに生成された変数名が望ましい．

 b) 統計処理に用いた変数名を論文中でむやみに使わない．統計処理に用いた変数名は，読者にとって必然的でも，理解しやすいわけでもない．図表などで使用する変数名と本文中の変数名を一致させる必要がある場合には，図表で使用する変数名のほうを修正する．その際に，統計処理側で変数名の修正が必要になっても，手間を惜しまず統計処理側で変数名を変えて再処理する．

 c) 特殊な略語は読者の再認の負担になる．*SD* や ANOVA などのよく知られたもの[10]以外の略語はなるべく使わないほうがいい．単語が連なっ

---

[10] 他にも RT, Ss, IQ, STM などがよく知られている略語だが，領域によっては初出時には正式な綴りも記したほうがいい．

ている．綴りが長いなどの理由で，どうしても略語を使いたい場合には，全体の初出で「正式の綴り（略語）」（例 Multidimensional Scaling (MDS)*11）とする．また，正式な綴りと略語を不規則に混ぜて使ってはいけない．

2.10 順序の規則

　複数の内容を紹介する際には，論理性や理解しやすさを高めるために，順番に気を付ける必要がある．順序の規則性や論理性があることは読者の負担を減らし，読者は過去の経験や期待に従い，内容を自然に理解できる．しかし，規則性や論理性がない場合には，読者は理解をするために時間や労力が必要になり，時には不快になるかもしれない．とくに以下で最初に説明する規則性は，論文の中の秩序を保つために絶対に必要であり，保たれない場合には著者の十分な配慮のなさや未熟さを感じさせやすい．

1) **規則性**

　　リスト内での順序性の保持：複数の変数や実験条件などの記載が論文内で繰り返される場合は，原則的に一定の順番にする．結果や考察などで言及する際も，その順番を意識する．以下に示すような他の理由でその順番が保たれないことはあるが，それでも可能な部分に関してはその順序を保つ（例：重要度で2群に分かれる場合でも dac → efb ではなく acd → bef の順に記載する）．

2) **部分性**

　　基本的には，全体に関する大づかみな記述から始め，そののちに細部に言及する．

3) **時系列**

　　introduction などで研究の背景を歴史的に紹介する場合には，時系列に古い順から紹介していき，最新の研究まで紹介する．しかし，すべてを同じ詳細さで紹介するのではなく，pioneer の研究，epoch・milestone の研究，直近の研究を詳しく紹介し，間の研究はごく簡単に，あるいは内容で

---

*11 「以下，略」は henceforth だが，あまり使わない．

はなく存在だけ引用しておく．

4) **重要性**

introduction などで同じ主張を支持する先行研究を列挙していく場合には，重要性の高い順から低い順に並べる．具体的な説明をする場合も，重要性の高いものは詳しく，重要性が下がるにつれ簡潔にしていく．

5) **複雑性**

results で統計的な結果を紹介する場合などでは，単純な結果を先に，複雑な結果を後で示す．たとえば，各変数の平均や SD は最初に示し，変数間の相関係数はその後に，そして最後に多変量解析の結果を示す．

また複雑性の変形として，「現象から説明へ」という順序性も考えられる．つまり，あるテーマやトピックに関して記載していく際に，まず「どんなことが起こっているか・どのように見えるか（現象）」をまず記述し，そののちに「それはなぜ起こるのか（機能），どんな構造として取られるのか（構造）」などの現象の説明をしていくということである．この「現象から説明へ」という順番は，複数の実験・調査などを含む論文において，それぞれの実験・調査などの記載順を決めるための基準としても有効である．つまり，まず現象を示すデモンストレーション的な実験や観察的な要素がある研究・調査を前に置き，その後にそうした現象を説明するための仮説やモデルに基づいてデザインされた実験や調査などを置くと，論文全体のストーリーがわかりやすくなることが多い．

6) **基礎性**

discussion などで研究成果の意義などを考察する際には，基本的に学術的（基礎的）意義を先に，実務的（応用的）意義を後で議論する．

2.11　並列の規則

いくつかの内容を列挙していく場合，つまり文の中にリストのようなものを作る場合には，並列される内容をなるべく等質にすることが必要である（このことは parallelism とよばれる）．もちろん等質にすることができない，ふさわしくない場合もあるが，可能な場合には以下のような点を等質にすることを心がけたい．アカデミックライティングであるかどうかに関係なく，並列される

内容が等質ではない文は典型的な稚拙な文と評価されがちである．
1) **形式**

　　形式の統一とは句なら句，節なら節で統一するということだが，文法的形式もそろえたほうが望ましい．たとえば句であっても不定詞と現在分詞を混在させないほうがいいということであり，節であれば肯定文，否定文，疑問文などを混在させないほうがいいということである．また，それぞれの内容の語の長さ，語数なども極端に違わないようにしたい．

2) **分類の水準**

　　分類の水準をそろえるというのは，大きな分類から，細かい分類までの階層的な分類の中の，同じ分類体系に属する内容を並列するということである．plant/植物と mammal (Mammalia) /哺乳類を並列しない，nonparametric tests/ノンパラメトリック検定と t test/t 検定を並列しないということである[12]．並列すべきは plant と animal, nonparametric tests と parametric tests である．とくに，異なる水準にある 2 つの内容が，包含関係にあり排他的ではない場合にはけっして並列しない．たとえば，color と red や perception と vision を並列しないということである．

3) **具体性・抽象度**

　　具体性・抽象度をそろえるというのは，非常に具体的な記述の内容と，とても抽象的な記述の内容を並列しないということである．たとえば，概念的な記述と具体的な実例の紹介を並列的に示していくことは，一般的にはあまり望ましいことではない．しかし，意図的に「2.10 順序の規則」などに従って記述し，読者に何らかの規則性や論理性が伝わるときにはかまわない．

　なお，リストを示すための表現としては consist of[13], be composed of, be comprised of, include, involve などが使われるが，consist of や be composed of, be comprised of のように「〜から構成される」を意味する語句を使う際

---

[12] すべての植物と哺乳類にのみ共通する性質やすべてのノンパラメトリック検定と t 検定が何らかの理由で対応するなどの理由があれば並列されることもありうるが，ここでは一般的な状況を例として挙げている．

[13] consist は自動詞なので受動態で be consisted of と表現することはできない．しかし，be composed of や be comprised of と混同するのか，日本人には多い間違いのひとつである．

には，リストにすべての内容を示すことが厳密には必要である．もっとも簡単な方法は，リストの最後に so on や so forth のような「その他」を入れておくことである．一方で，include や involve のように「～を含む」を意味する語の場合には内容の一部であることを意味しているわけなので，リストの最後に so on や so forth を付けるのは論理的にはおかしい．

2.12　1つは例外，2つは限定，3つは普遍

　何かの論旨や主張を支持するために例示をする場合には，3つ以上の例を挙げるように心がける．2つ以下しか例示しない場合にはむしろ限定的で例外的である印象を与え，とくに1つしか事例を挙げない場合には，非常に特殊な場合を示して，むしろそれ以外は論旨や主張に反する内容を示していることを暗示してしまう恐れすらある．

　3つ以上事例を挙げると例外的であるという感じはなくなり，普遍的な事実という印象になる．したがって，リストを作る場合には，3つ以上の事例があることが望ましく，事例の内容を詳しく紹介する場合でも3つ挙げると論旨や主張が強力になる．

2.13　読者の心の中の理解の速度を一定にする：パラグラフライティング

　論文の文章はパラグラフを連ねていくようにする．パラグラフとは A4 サイズ1段組みで5～20行程度（2段組では倍になる）の段落のことである．しかし，読みやすくするために，長く続いた文章を適当なところで分ける日本語の文章の段落とは違い，パラグラフといった場合には特別な意味合いが込められている．パラグラフでは，まずそのパラグラフで述べるべき内容の趣旨・主張（トピックセンテンス）が先頭，あるいは冒頭付近で書かれる．続いて，トピックセンテンスの中の必要な概念を定義したり，トピックセンテンスを言い換えることなどが行われ，トピックセンテンスを明確化する．次に具体的説明や支持する例などの記述が続く．つまり，全体を示してから細部を記述し，補強し

2.13 読者の心の中の理解の速度を一定にする：パラグラフライティング

ていく[*14]．こうした構成で書かれたパラグラフが連なる文章では，パラグラフの先頭，あるいは冒頭付近の文章をつなぐだけで，アブストラクトになる[*15]．

このような文章の構成法はパラグラフライティングとよばれる．パラグラフライティングの利点は，著者にとってはストーリーを論理的に展開しやすくなり，読者にとってはストーリーを追いやすくなるということである．同時にパラグラフライティングで書かれた文章は，読者にとって内容を理解しやすい，読んでいて快適であるという利点もある．それは，パラグラフライティングで書かれた文章では，同じ内容について，一定の量の文章が1つのパラグラフとして書かれているために，1つの内容が読者の心に沁みるための十分な時間が読者に与えられるからである．一方で，1文ごとに違う内容が書かれた文章，あるいは1文ごとに論理が次々と展開していってしまう文章では，読者は内容についていくのに苦労し，時として不快感すら覚える．こうした理由からも，1つの内容に関してはある程度の文を連ねる必要がある．同じ理由で，同じパラグラフの中で but/しかし や however/しかしながら などの逆接の接続詞でつながる内容を書くこともなるべく少なくすべきである．2度も3度も逆接の接続詞が入ったパラグラフは，パラグラフとしてのまとまりと機能を保てないことがある．そのため，逆接の接続詞でつながれる内容は，別のパラグラフとして分けることができないかどうかを検討することを心がける．つまり，1つのパラグラフには1つの内容を書くということが原則である．

パラグラフライティングを行う際の，他のいくつかの注意点を挙げておこう．

- パラグラフとパラグラフの連なりで理想的なのは，読者の予想通りに展開することである．必然的なストーリーをつくることができれば，それに沿ってパラグラフを並べていけばいい．
- 自然な展開は理想であるが，常に可能とは限らない．したがって，パラグラフの冒頭に接続詞を入れることで，ストーリーがどちらの方向に進むのかを，読者に伝えることは望ましいことが多い．接続詞のない文章がよい文章と言われることもあるようだが，それを実現するにはとても高度な作文技術が必

[*14] discussion の場合には，パラグラフの冒頭に内容の趣旨・主張を置かずに，具体的説明や例を連ねてから，それらをまとめて結論を書く場合もありうる．

[*15] 英語の速読の技術のひとつの方法は，このパラグラフの冒頭付近にあるトピックセンテンスだけをひろい読んでいくことである．

要である．現実的には，接続詞を用いて次の文章の内容を想像させるほうがいい場合が多い．

- 見出し・小見出しを付けることで，ストーリーを追いかけやすくなる．とくに，ストーリーが大きく転換する箇所に見出しや小見出しがあると，読者は転換点を見つけやすくなり，文章を読む負担が軽減される．
- 代名詞は，人称代名詞（e.g. he/she, they）と指示代名詞（e.g. it, that）とともに，パラグラフの中でのみ用いることができると考える．新しいパラグラフに，前のパラグラフで出てきた名詞を受ける代名詞を用いると，その代名詞が何を示しているのかがわかりにくくなることが多い．

パラグラフライティングで書くことにはもうひとつの利点がある．それは，文章の構成を変更しやすいことである．文ごとではなく，パラグラフごとに内容がまとまっているために，文章の中でパラグラフ単位で内容を組み換えることが容易にできる．また，ストーリーを大きく逸脱してしまったり，バランスを崩すほどの「書きすぎ」をしてしまった際にそれを取り除いたり，短く書き直したりすることも，パラグラフ単位でできるので，容易である．

これは仮に書き上げた草稿を推敲する際の大きな利点である．つまり，パラグラフとは組み立て部品であり，部品がそろった段階でもう一度，どのように組み立てるのが最善なのかを検討することを可能にする．こうして推敲段階でパラグラフの組み換えをすることで，論文の構成を調整すると，論文のストーリーはとてもよくなることが多い．

2.14 抽象レベルと具体レベルの行き来：文章の階層性

論文のストーリーを展開していく際には，「抽象 – 具体」の次元の中のどこにいるのかを常に意識する．ストーリーを展開していく文章は抽象的に書いていく．抽象的と言ってもあいまいのことではない．論理的に展開していくということである．そして，抽象レベルでは情報は凝縮される．このことはとくにintroductionで重要である[*16]．introductionではすべての関係文献を調べつく

[*16] この点はdiscussionでも重要である．discussionでは，具体的な結果（たとえば，数値や有意性など）を示すのではなく，そうした結果が示す本質的な意義を中心に議論を展開する．その

し，その中から得られたエッセンスや支持された論旨が簡潔に記述される．この際に引用文献は関係するすべての文献を記載する必要は必ずしもない．凝縮された情報に対する引用は，もっとも適切なものを厳選[*17]し記載する．少なくともそうした印象を与えることが必要である．

そうした抽象レベルの高い文章の合間に具体的な実証研究の成果が挿入される．この際，いきなり個別の研究例を紹介してはいけない．まずストーリーを支える，強化するための（ネガティブな主張を含めた）研究群全体を紹介し，その上で自分の研究に関係の深い具体的な研究を紹介するという順番が必要である．つまり，論理的に展開されていく抽象レベルのストーリーから，一段抽象性の階段を下りて実証研究群全体の紹介や説明があり，その上でさらにもう一段抽象性の階段を下りて，具体的に個別の研究を紹介する．具体的な研究の紹介の後は，一段飛ばして，元の抽象レベルのストーリーに戻ってもいいが，複数の実証研究を紹介した場合や詳細に研究を紹介した場合には，その部分の内容をまとめる中間の具体性を持つ段階を経て，抽象的なストーリーに戻ることが望ましい．この中間レベルでは "in sum"（「まとめると」）や "in short"（「ようするに」）などの語句を用いると，まとめであることを明示することができる．

この抽象的なストーリーの部分と具体的実証研究の紹介の間に，抽象と具体の中間レベルの説明・まとめが挟まることで：

- 紹介された具体的研究が何を意味しているかに関して，読者（reviewer/査読者）の理解を助ける
- 複数の研究によりストーリーが支えられていることが伝わり，説得力が高まる
- 著者が網羅的・体系的に領域の研究を理解していることが伝わり，著者の能力や専門性の高さが伝わる

ことになる．逆に，このレベルの文章を挟まない場合には，読者は紹介された

　議論では，仮説の支持・不支持，結果の研究的意義や限界，研究の社会的・実務的示唆などが記述される．

[*17] こうした抽象化され，凝縮された記述に対する引用は多くの場合 e.g.（「たとえば」の意味．例：e.g., Hanyu, 2003; Nasar, 2010; Stamps, 2012）とし，3 個程度を基本とするが，適切なものがなければ，もちろんそれより少なくなる．また，論文の意義や趣旨の前提となるような，重要な記述に対しては 5 個から 10 個程度の引用がされることもある．その際には，古典的な論文数個，エポックな論文やレビューが数個，最近の論文が数個になるとバランスがいい．

研究の意味を理解するのに戸惑ったり，さらには，そうしたわかりにくい文章から悪印象を受けることで，著者の専門性や能力に疑いをいだきかねない．

また複数の実証研究が存在しない（見つけられない）場合には，ストーリーを支える・強化する例として紹介するよりも，（重要性にもかかわらず）既存の研究はほとんど存在しないので，本研究（論文で書いている研究）が希求されるというように，論文化している研究の必然性，重要性を示す材料として使うことを検討する．

2.15　同じ内容は繰り返されるたびに凝縮される

1つの論文の中で同じ内容を繰り返し述べることが必要になることがある．その代表は，研究の「結果」である．最初にresultsの章の該当箇所で記述されるが，その後もresultsのまとめ部分やdiscussionの中でも何度も繰り返し言及されることが多い．それ以外にもintroductionで紹介した内容をdiscussionで再び言及することなどもたびたびあることである．

このように，同じ内容を複数回記述する際には，同じ文・類似した文章を繰り返してはいけない．そして複数回同じ内容が記述される場合には，後にいくにつれて記述の詳細や具体性は低くしていくようにする．多くの場合には記述の量も少なくなる．このように同じ内容が記載されるたびに凝縮されていくのは，当たり前のことだが，一度詳しい記述をすれば，次回にはそのことを思い出させるだけで十分内容が伝わるからである．同じ文章を読んだ読者は無駄を感じ，またカットアンドペーストが簡単な現在では著者の手抜きを感じかねない．そして凝縮された内容のほうが読みやすく，理解もしやすいので読者も快適である．

そして初出時には「論理的帰結と破綻」「pros and cons/利点と欠点」「実証と反証」などを含めて，必要な分だけ十分に，包括的にその「内容」を記述することが必要である．つまりその内容の持つ命題や情報の妥当性の限界や制約を含めた生の実態を読者に示すことが必要である．このことにより，正確な理解が可能になると同時に，著者が不当・無理な主張を展開していないことの保証になる．しかし，再出時以降は，内容の持つ自分の論文のストーリーに沿った部分を中心に，うまく選択，利用しながら記述していくことになる．つまり，

限界や制約はあるものの（人文社会科学の知見はすべてそうだ），大まかな方向性としては「こうした情報（知見）・主張である」という形で，各内容を使用していくことになる．「2.3 言えることを言い，言えないことは言わない」で説明したように，実態を超えた言えないこと（たとえば，部分的な肯定的結果から仮説が完全に支持されたように書くこと）を言ってしまうことは避けなければならないが，もしも毎回，初出時と同様にこうした主張・内容だが，こんな制約や限界があるという断わりをすべて，具体的に記述していては，読者はストーリーを理解しにくくて仕方がなくなってしまう．

2.16　難しいことは易しく，易しいことを難しく書く

　難しいことを理解しやすいように書くのは当たり前である．しかし，領域の平均的な読者のレベルを考えたときに難しすぎることであればむしろ説明をしないで，詳しい理解を求めずに，そういうものだと流してもらえるように書くということもありうる．中途半端に書くのが一番負担と不快感を与える．難しすぎる内容は，結論や評価だけを断定してしまう方がよい場合もあるということである．また，一般的な読者には関係がないが，研究を再現するために必要な難しい内容，たとえばデータ変換の数式や複雑な統計処理の細部の説明は notes/注や appendix/付録に持っていくことも考えていい．

　一方で易しい内容，短く簡単な言葉で伝わることに関しても注意が必要である．まず，1行で書ける内容でも1行だけしか書かないと，その重要性が伝わりにくいことがある．その場合には言い換える，具体例を挙げるなどして文章を増やし，その重要性が伝わるまでの時間を稼ぐ必要がある．つまり，上に書いたパラグラフライティングの原則である．たとえば，相関関係の結果は係数を示すだけで済むので，1行で伝えられるが，その結果が重要だとしても，1行だけの記述では読者の印象に残りにくい．もしそれが重要な結果であれば，何らかの形でパラグラフを作り出す必要がある．こうした工夫を怠ると，よい結果を得ているにもかかわらず，十分な成果が挙がっていないという印象につながりかねない．

　また，簡単な内容は「理解しやすいので，理解できたという満足度を与えるチャンスである」．つまり，簡単な内容を多少難しく書くと，表面的には複雑そ

うだが，そもそもは簡単な内容なので実際にはすぐに理解できる．そして，理解できたという体験はいわゆるアハ体験[*18]となる．それは論文を理解しているという満足度につながる．そして，論文全体の印象や評価にいい影響を与える．

2.17　論文の構成と文章に必要なことをまとめると

　この章の内容をまとめてみよう．まず，論文は読みやすく，わかりやすく書くことが何よりも必要である．論文の読者は，先行研究を探している学生や研究の中心的テーマや課題までを共有している研究者以外は，ちょっと目を通してみようかなと，流し読みをする程度なのである．したがって，読者が精読し，理解のために大きな労力を割いてくれると期待してはいけない．また，論文審査の過程においては，reviewer/査読者は学者・研究者としての義務の一環として論文を読んでいるのであり，また期待されている役割としては，批判的に問題点を指摘することだとみなしていることを常に念頭に置かなければならない．

　したがって，論文中のあいまいさや矛盾，論理の破綻，ストーリーの混乱を，著者に有利な方向に判断したり推測してもらうことを期待してはいけない．わかりやすさ，つまり論理的に展開される一貫したストーリーがあり，内容は整理され，重要な言説（主張，説明，解釈）が明示されていることが必要になる．こうした論文であれば，多少斜め読みされても，内容が誤解される危険性は少なくなる．また，わかりやすいということは，最後まで読み通してもらえるチャンスを増加させる．そして，reviewer/査読者に，誤った批判や指摘をさせる危険性を軽減する．

　しかし，読みやすさ，わかりやすさとは単純や簡単ということではない．単なる単純さや簡単さは，著者の能力不足と情報の不足の印象を与え，どちらも質の低い論文という評価につながる．必要なすべての文献や情報を集め，整理・精査した上で，思弁を尽くし，高度に集約し，抽象度を高めた言説をベースのストーリーとし，それを厳選された実証的資料や議論，仮説・モデルで補足する構成が，「論文の読みやすさ，わかりやすさ」に必要なことである．論文にお

[*18] モノが理解できたり，何かよいことを思いついたときに感じる，肯定的な感覚のこと．eureka/ユリーカとほぼ同じ意味．

> **Column** …… わかりやすい文章と読みやすい文章
>
> 「わかりやすい文章」は「読みやすい文章」と同じではない．読みやすくともわかりにくい文章はある．少なくとも論文的なわかりやすさとは「必要な内容が，効率よく，正確に伝わる」ことを意味している．単に読みやすさだけを求めた文章は効率よく，つまり楽に読めるだけということになりかねない．
>
> たとえば，ウィトゲンシュタインの『論理哲学論考』の文章は，（翻訳を読む限りでは）簡潔な短い文で書かれているが，内容を正確に理解するには極めて難解である．ウィトゲンシュタインならばこうした文章は許されるが，われわれの論文では許されないと思ったほうがいい．そうした読みやすいだけの文章で伝えられるジャンルや内容（たとえば新聞の簡潔な報道記事やある種の小説）もあるが，そうした文章で論文のような内容を正確に示すには，非常に高度な技術，能力が必要とされるだろう．

ける読みやすさ，わかりやすさとは，子供向けの文章のようなものとは全く別物である．また，「3.1 一文の長さ」で説明するように，短文の積み重ねによる文章のことでもない（コラム「わかりやすい文章と読みやすい文章」参照）．

そして，論文的なわかりやすい文章を実現するために，箇条書き，わかりやすい図表，情報の提示法の工夫，順序の一貫性の維持など，理解を助けるための努力も惜しんではいけない．理解のために労力を要求する論文は，読者に著者の怠慢を感じさせ不快感を与える．不快さを感じさせる論文は，示された知見の重要さが正当に評価されず，読者は著者の専門性を低く評価し，reviewer/査読者は論文を reject/不採用にしてしまうかもしれない．理解のために不当な労力を要求する論文を書くことは，著者にも読者にも何の利益にもならない．reviewer/査読者の貴重な時間も浪費してしまうし，reviewer/査読者を務めるような有力な研究者による著者への評価を下げることになりかねない．

2.18 あなたのおもいをぶつけすぎてはいけない

この章の最後にもうひとつ大事なことを書いておきたい．それは，実験にせよ調査にせよインタビューでも観察でもそうだが，広い意味でデータをとった研究に関する論文は，そのデータの報告であるということから離れすぎてはいけない，ということである．研究の報告ではなく，何らかの著者のおもい，つまり信念や主張があり，それを伝えることが主たる目的で，ついでに研究の報

告がされているような論文を書いてしまう人がときどきいるが，それは望ましいことではない．それは英語の論文でも，日本語の論文でも同じである．

　あくまでも研究の報告である論文では，データとその結果から言えることを記述すべきであり，それ以上のことを言いすぎるのは，言えないことを言っているように捉えられてしまう危険性がある．「言えることを言い，言えないことは言わない」（☞ 2.3）の原則はここにも当てはまる．

　そうしたおもいや主義主張は研究の意義や必然性を示す目的の範囲に限定すべきである．「主義主張のごく一部に一致する，支持するデータが得られました．したがって，この主義主張の正しさが示されました」というような論文は論理的にも間違いであるし，また研究論文の本分から外れている．少なくとも心理学の研究論文は科学の活動の一部で，事実である情報を伝える場であり，主義主張を交わす場ではない．また，モデルや新しい仮説・解釈に関しても，研究とデータが示す範囲を超えた主張をしてはいけない．言えることを言い，言えないことは言わないの原則を常に忘れないということである．

　もちろんうまくおもいを論文に込めることができる著者もいるが，基本的にはそうしたおもいは，直接は論文にぶつけないようにしよう．そうしたおもいは，論文ではなく著作なり講演なりの別の形で発表すればいい．論文を多く書けば，そうしたおもいをぶつける機会も増えるというものである．

Chapter 3
文体・文法の原則

3.1 一文の長さ

　日本語では一文は短いほうがいいと言われることがあるが，英文においては違う．三浦（2006）によれば，日本人留学生が書いた英文は，英語を母国語とする教員に，一文が短すぎると注意されることが多いという．そして，そうした短い文章は，情報の不足（書き込みの不足）とみなされ，さらに高い教育を受けた大人の文章ではない，質の低い文章であるという評価につながるとしている．

　それでは，一文を長くするにはどうしたらいいのだろうか．それは，ただ複数の主題・内容をつないでいくことではない．つまり，and を用いて，複数の短文をくっつけてしまうことではないのだ．これも日本人のやりがちなことだが[*1]，そうではなく，ひとつのコアとなる内容を必要な情報で十分に補足するということである．それでは，どのくらいの長さが適当なのだろうか．三浦（2006, p.83）では，**20 単語前後**[*2]が知的な英文の基本的な長さとされているので，ひとつの目安になるだろう．

　ところで三浦（2006）は，ある意味で文章の質の印象という観点から，一文を長くすることの必要性を指摘しているようであるが，論文においてはさらに実際的な理由からも，文章は長くなる理由がある．それは論文の記述においては，文意が「一意」，つまり，著者の意図以外の他の解釈を許さない，あいまいな部分のない文が必要となるからである．つまり，文章の持つストーリーや周

[*1] 三浦（2006, p.100）はネイティブの書いた英文と比較した場合に，日本人の書いた日本語文には AND 相当語が 10 倍も多いことを指摘している．
[*2] 知的日本語の一文の平均単語数は十数語と言われる（三浦，2006, p.32）ので，知的な英文の一文の単語数の目安は，和文のほぼ倍ということになる．

辺の文章から切り離されても，その文だけで必要な意味が伝わるようにしなければならない．そのためには，日本語の文章でしばしば見られるように，周辺の文をまとめて読んで，そこから総合的に意味が推察されるというような書き方は，くれぐれも避ける必要がある．

　文意を一意にするために注意すべきことのひとつは代名詞の使用法である．とくに，主語の他に目的語や補語が含まれた文中の，あるいはそうした文章を受けて，代名詞を用いる際には，代名詞の示す名詞の候補が複数あることがあるので，代名詞は極力使わないほうがいい．こうした論理的に問題のある代名詞以外でも，読者が理解のために労力を使う代名詞も避けたい．たとえば文中の同じ語句を繰り返す際の that や those, these への置き換えもあまり好まれない．"The temperature of Room 1 was higher than the temperature of Room 2." というような文において，最後の語句を that of Room 2 に置き換えないということである．多義的な，あるいは情報が不足した文は，誤解を招いたり，理解や推論のための余計な労力を要するという点で著者にも，読者にも不利益をもたらす．

　代名詞の使用法以外にも，文意が一意の十分な情報を持つ文章を書くために必要なことがいくつかある．次にその方法を挙げてみよう．

1) まず内容のコアとなる基本文を書く．S・主語，V・動詞，O・目的語，C・補語で構成される典型的5文型を意識してシンプルな構造の文にする．

2) 次に基本文の各要素を説明し限定する．名詞には，前置詞 (of, in, at, on など)[*3] を伴う句や節を追加するほか，形容詞，現在分詞 (の節) などを付けたり，あるいは関係代名詞・関係副詞を用いた文を書き加える．動詞には助詞や助動詞を付けることで強度や限定性をうまく調整する．あるいは (in order) to 動詞, so that などを含む語句を加え，動詞の目的を具体化する．

3) 時間 (at, on, in, during, before, after, since, by)[*4], 場所 (at, on,

---

[*3] 名詞を限定する際には，of が3回以上 (2回も感心しないが，許容範囲だろう) 繰り返されないようにする．所有形を用いたり，前置詞を含む句化したり，分詞構文や，関係代名詞・関係副詞を用いることで，"A of B of C" より多くの of が連なる構文を避けるようにする．

[*4] 英語における時間の表現は，in the morning, at night など，日本人にはなぜ定冠詞 (the)

in, around, by, near, over, above, below, under, in front of, ahead, in between などが使われる．コラム「場所の表現」も参照），手段，つまり使用した方法や器具・尺度など（with や by means of, あるいは using, by using などが含まれる語句である*5）を確定するための語句を加える．

　こうした内容を併記する場合の順番には，基本的には手段（how），場所（where），時間（when）の順にすると言われることがあるが，長い語句を後ろに回したり，あるいは，文頭に時間を置き，残りは文末に回すなどの方法もよく用いられているので，これはわかりやすいように配慮するとしか言えないかもしれない．ちなみに，重要な内容は後回しにされるという原則もある．

4) 文意を一意に限定するためには，各名詞の単数形・複数形と冠詞によく注意することが必要である．冠詞に関しては，別の節（「4.3 冠詞・名詞の単数形と複数形・可算名詞と不可算名詞」）を立てて詳しく説明する．

5) 必要に応じて，分詞構文や接続詞でつないだ句や節を加えて，基本文の内容の条件を示したり，意味の内容を限定したり，際立たせたりする．ここで用いられる接続詞は，基礎文が示す主題に情報を加えるための内容を導くためのものであり，新しい主題を加えるものではない．したがって，論文にふさわしいのは and, but, however などではなく，when（時間の限定），while*6（時間の限定の用法もあるが，論文では対比に使われることが多い．whereas も同じように使え，「反対に」という感じになる），if（限定），because（because of*7）（理由：説明），since（原因：前提），though（although, even though）（譲歩）などである．また，情報の付加，限定，理

が入ったり，入らなかったりする理由がわからないことが多いので，丸暗記してしまった方がいい．そうでなければ，使用時にうろ覚えを信じず，必ず辞書で確かめることが必要である．
*5 by は手段ではなく，過去分詞を用いた受動態，あるいは受動態的用法における行為の主体を示す前置詞である．したがって主体があり，その主体が何かの手段を用いるという意味で使う場合には，by よりも with（あるいは using, by using）を用いたほうがふさわしいことが多い．
*6 イギリスの論文では while の意味で whilst が使われていることがあるが，アメリカ英語とイギリス英語を使い分けする自信がないならば，むやみに whilst を用いるのはやめておこう．
*7 日本人はあまり使わないが，アメリカ人の使いがちな，because of と同じ用法での due to は正式な用法ではないので使用しない．

> **Column** …… 場所の表現
>
> 　原則として,狭いピンポイントの場所が at で,広い場所の中のどこかが in なのだが,具体的な使用法は,時間と同様に必ず辞書で確かめたほうがいい.また,on は何かにくっついている,何かの上にいるという意味で,by は寄り添っている,ごく近くという意味,near はもう少し離れた感覚である.over は広範囲に覆いかぶさる,覆うという意味(下に何かがある)であり,覆いが下の部分に接触することがある.一方,below は狭い範囲の下にあるであり,above は頭上の意味(上に何かがある)であるが,over と異なり,above と below のどちらもある程度離れていて,接触する感じではない.ahead も同様に少し離れた場所の感じがあり,in front of は接触するくらい近い.
> 　また,日本人は around を「その中を含んだ周辺」という意味で使いがちで,たとえば「東京とその近郊」を around Tokyo と表現することが多いが,これは東京の郊外の意味になってしまう.東京とその近郊であれば in and around Tokyo となる.同様に,日本人は 2 点間にあるということを単に between としてしまうことが多いが,2 点間のある地点ということなので in between が正しく,3 点以上の間のどこかであれば in among となる.

由,前提,同時進行などの複数の意味を表現できる接続詞としての as[*8] もまあまあ使われる.

こうしたことを踏まえた英文は,くどくなる傾向があるがそれはかまわない.英語の論文においては文学的名文[*9]は必要ではない.むしろ,情報を提供する労力を惜しんで,書き足りないという印象を与えるほうが,読者の,そして reviewer/査読者の持つ論文の質の評価,つまりは著者の専門性に対する印象を悪くする影響は大きい.そして,繰り返しになるが,こうした全体的な印象が,査読の結果を大きく左右するのである.

最後になるが,ここで言いたいことは,論文においては文意を一意にするために,必要な説明を書きつくすために一文は必然的に長くなることが多いということである.したがって,短く簡潔に書ける文もすべて長くすべきであるということを言っているわけではない.とくに,まわりくどい構文や形容詞や副詞を使って,文を無理に引き延ばせという話とは全く違う.また複雑な構文を

[*8] 接続詞としての as はさまざまな意味を持つが,共通するのは等価,あるいは対応する情報を併記するということにある.

[*9] もちろん,論文的な名文であることは必要であり,本書はそうした論文的名文を書くためのガイドラインを示していることは言うまでもない.

使えというのでもない．次の 3.2 節に述べるように，文の基本構造は単純であることが望ましい．

3.2 単純な構造の文を心がける

　日本語を直訳すると，英語の表現としてはまわりくどい文章になりがちである．そうした文章は，日本人には文法的には正しいように思える場合もあるが，しばしば英文としては不自然であり，不自然な用法も語用論的には誤りなので，論文の評価を下げる原因になる*10．

　単純な構造の文章は必ずしも短い文である必要はない．「3.1 一文の長さ」でも説明したように，アカデミックライティングでは一文の長さは，文意が一意になるような十分な情報を示すために，**約 20 単語**と長めになる傾向がある．単純な構造とは文のベースとなる部分の構造が単純であるということである．こうした単純な構造に，必要な情報が追加されることで，文が長くなるのである．

　単純な構造の英文を書くためには，総合的な英語力が必要であるので，それは努力して身につけていくしかないのかもしれないが，とりあえず気を付けるべきヒントをいくつか挙げておこう．

- 抽象名詞である無生物・概念の主語を使用することを考えてみる．つまり results（結果），統計の手法，質問紙・尺度，変数，構成概念などを主語とすることで文を単純化する．たとえば，"There is a result that revealed that ..." は避け，"A result revealed that ..." とする．また，"By using ANOVA, I found that there is a significant effect of A on B." ではなく，"The ANOVA showed a significant effect of A on B." でいい．

- 不必要な "I think that ..." を使わない．上の項目にも関係するが，無生物主語を使えるときに，別の主語を使う必要はない．

---

*10　繰り返しになるが，査読というのは総合的な評価である．したがって，「よい英文が書けない」ということは，著者の能力の問題として，少なくとも無意識的には判断されがちで，能力の低い著者の論文は信用できないという評価を導いてしまう．文章とは関係なく内容を評価してほしいという希望は叶えられないと思ったほうがいい．また，そもそも質が低すぎる文章は，内容を十分に伝えられないことも多い．自然科学や数学・工学ならともかく，人文社会科学では，文章は稚拙だが，内容は優れている論文を書くほうが難しい．

- しかし，無生物主語と主体的に意思を持って行うような動詞を組み合わせることは，学術的な表現としてはふさわしくない．たとえば ANOVA は show（示し），reveal（明らかに）するが，analyse（分析）したり，find（発見）したりしない．また，table や figure は indicate（示）したり，show（示）したりするが，compare（比較）しないし，experiment は design（計画）や control（統制）や assign（要因への被験者の割り付け）をしない．results は suggest（示唆）するが，propose（提案）はしない．こうした動詞にふさわしい意思を持つ主体は，多くの場合には著者（I か we）である．

- 文の内容が事実や強い主張ではなく，推論や不確定性を伴う示唆の際に，文の確実さの強度を下げるためには I think ではなく次のような表現を考える．
  - propose，believe などの意思を持って意見を表明する動詞を用いる
  - seem や look のような推論を示す動詞を用いる
  - result (s)/結果を主語にして，suggest や imply などの動詞を使う
  - can や may のような可能性や実行可能性を示す助動詞を用い，さらに弱く表現したい場合には過去形（could, might）にして，仮定法的に表現する

- 否定文では，どこを否定にするかをよく考える．同じ内容を示す否定文でも，いろいろな表現がある．たとえば，文全体を否定形にするのではなく，no をうまく使う．

  The ANOVAs did not revealed any significant main effect. は
  The ANOVAs revealed no significant main effects.
  と同じである．

  　別の例としては，否定を示す不定詞は "not to 動詞"（〜しないこと，〜しないために）だが，この構文を使わなくとも反対の意味の動詞を使えばより簡潔な書き方になる．

  I carefully designed the experiment not to make confound between the dependent variables. は
  I carefully designed the experiment to avoid confound between the dependent variables.
  と書いたほうが単純になる．

  　この他にも，もともと否定の意味を持つ語句をうまく使って，否定形では

ない否定文を書くことを考えることが必要である．論文によく使われる否定の意味を持つ語句としては，impossible, unable, insufficient などがある．discussion/考察では，useless, unfair, meaningless なども使えるだろう．

- There is・There are をむやみに使わない．「何かがある」と言いたいときにすぐに "there be" の構文が頭に浮かぶかもしれないが，多くの場合には冗長な表現になる．たとえば，先行研究を紹介する際に，「何々を示した研究がいくつかある」と書くのに "There are some studies that showed that ..." と書くのはまわりくどく，不自然である．"Some studies have shown that ..." で十分である．

  あえて存在することを強調する場合には，その限りではないが，その場合には "There exist some studies that have shown that ..." のような気持ちで書くことが必要である．

- 自動詞が使えないかを検討する．"This condition made a difference between A and B." のように他動詞を使うよりも，"A differed from B." のように自動詞を使ったほうが，文は単純になる．自動詞を使えないかどうかを常に意識する．とくに "The sizes of effects varied among the conditions." のような vary や increase, incline, expand, decrease, decline, diminish などの変化を示す自動詞は論文では使いやすい．

- 同じ単語でも，そのまま，あるいは語尾の変化で，名詞，動詞，形容詞として使用できる．そうした品詞の変化を考え，文を単純化する．たとえば，「違う」を示す形容詞の different には，動詞形の differ や副詞形の differently などがある．「何かが異なる・違う」ことを表現する際には，different を使用しようと思いこまず，differ や differently を用いることで，より単純な構造の文が書けないかを考えてみる．

- 「～に関して」(with regard to, regarding, concerning など) という表現は便利な表現であるが，そこに続く言葉を主語にして表現できないかどうかを考える．"With regard to the lighting condition, I think that too brightness worsens subjective comfort in a room." というような文は "The too bright condition might decrease subjective comfort in a room." とすべきである．

- 著者と読者という意味での，あいまいな we を使用しない．著者が 1 人の場合には，著者は I で表現し，著者が連名の場合には，we はあくまでも著者たちを示す．たとえば，著者が 1 人の場合に，著者の主張や見解に対して，読者に同意を求めるような，"we could see that …" "we could have a conclusion that …" のような文を書いてはいけない．つまり，著者の主張を，論理的にではなく，うやむやに正当化し，その後の論理展開を続けるようなことはならない．

- 受動態よりも能動態を用いる．以前は著者を示す I や we は避けるようにと言われていたが，最近は受動態を避けるために使用することを認める傾向がある．しかし，一方で一定の世代以上の研究者はやはり，論文中に著者を示す I や we を使用することに対して，躊躇や違和感を覚えるようなので，reviewer/査読者に指摘されたら素直に書き直すのが正しい対処である．その際は，まず I や we を the investigator(s) や the author(s) に書き換えることを検討し，それでもさらに指摘されたら，受動態にする．

- 代名詞はなるべく使わないことを心がける．とくに主語と目的語のように文章内に複数の名詞がある場合には，どちらを受けるのかがわかりにくくなるので用いない．文章が，長くくどくなるように感じるがかまわない．

3.3 接続詞がカギである

日本人がよく使う and，but，when，if，though・although，since 以外にも，英語には多くの接続詞（あるいは接続詞の役割を果たす語句）があり，それらをうまく使うことが，英文らしい英文，そしてアカデミックライティングでは必要である．また日本人には and と but の誤った使用法も目につく．ここでは接続詞の使用法に関して少し説明してみよう．

3.3.1 文頭に And と But を使わない

文頭に and（And）や but（But）を使って，前の文との関係を示すことをしてはいけない．and の代わりには，in addition（加えて），moreover（さらに），besides（その上），then（次に，その結果），further・furthermore（さらに），

therefore（だから），thus（したがって）などを文意に従って使用する．but の代わりには，however（しかしながら），nevertheless（にもかかわらず），rather（むしろ）などを使用する．

複数の情報を並べる場合には and や but を用いる代わりに，それぞれの内容の関係性を明確にできる (1) on one hand（ある意味では）と on the other hand（他方では）の組み合わせ，(2) contrary to・on the contrary・to the contrary（反対に），in contrast with・by contrast（対比して・対照して），while[*11]・whereas（対して），(3) in spite of・despite・instead・instead of（にもかかわらず）などを用いることを検討する．

because を文頭に用いた単文も不適切である．ほとんどの文は "It is because ..." が正しい形になる．so を文頭に用いることも，正式には不適切であることが多いので注意する．"So am I." のような文章はありうるが，then, thus, therefore の代わりにはしないほうがいい．

3.3.2 関係性の低い節をつなげる and を使わない

「3.1 一文の長さ」でも説明したが，関係があまりない 2 つ（あるいはそれ以上）の節（ひとつの内容を持った文）を and でつなげることは避ける．異なる内容をつなげる接続詞を等位接続詞といい，and はその代表だが他に but や or も等位接続詞である．メインの文（主節）に付加的な情報の文（副詞節）を付け加える接続詞は従位接続詞という．

等位接続詞のうちでとくに and は，関係性の低い内容を安直に結びつけることができるので使用には注意する．1 つの文には複数の内容（説明・命題・主張）を入れないようにし，その 1 つの内容を十分に書き尽くす，つまり限定や理解のために必要な情報をすべて示すことが必要である．記述不足の内容を and でつなぐのは，(1) 書き込み不足で理解のために不十分な稚拙な文章という印象を与えると同時に，(2) 読者にそれぞれの内容を理解し，浸透させるための時間を与えないので，誤解や理解に対する負担からくる疲労感や不快感を与える．

もちろん，複数の等価の情報を列挙する場合などに and を使用することは適

[*11] 「そのときに」という，時間を示す用法以外で while を使用することは紛らわしいので避けるべきだという指摘もある．また whilst という単語を見かけることがあるが while の変形で同じ言葉である．

切である．この場合にも，1），2），3）．．．や a），b），c）．．．などを用いて，列挙であることを強調する表記の工夫などをすることが読者の理解を助ける．

一方，1つの文の内容を書き尽くすために，従位接続詞は積極的に使用する．これも「3.1 一文の長さ」で説明したが，十分な情報を示すために必要になるし，そして知的にも見える，つまり論文にふさわしい文に見えるために十分な長さ（単語数）を確保するためにも，従位接続詞は役立つ．

3.4 時制は読者が論文を読んでいるときが現在である

心理学の論文やレポートでは，method/方法と results/結果は過去形で書くと習っていると思うが，原則それは正しい．method と results は，読者がその論文を読んでいる時点ではすでに終了している研究の報告なので基本的に過去形で書かれる．しかし，results の中でも図表に言及する際には現在形が使われる．それは，論文に掲載されている図表が，読んでいる時点で読者に情報を示しているからである．一方で，特定の分析が示した結果は，分析は終わっているので過去形がふさわしい場合が多い．

同じように，introduction/序論や discussion/考察においては，自他の研究・実験はすでに終了していることなので過去形で記述し，その論文の中で展開される論旨，考察や示唆は現在形になる．したがって，研究や実験の目的を示す文は過去形だが，論文の目的があるとすれば，その文は現在形になる．また，その研究の課題や将来の研究の必要性の指摘などは，論文が示唆することなので現在形になる．

文の時制は読者がその論文を読んでいるときを基準にして判断すればいいということである．

3.5 否定形の助動詞の省略形は使わない

否定文を示すための "do not" の省略形は "don't" だが，論文にはこうした助動詞の否定形の省略形を使ってはいけない．すべて以下のように正式な形で表記する．これも初学者には多い間違いのひとつであるのでよく注意しよう．

- don't → do not

- doesn't → does not
- didn't → did not
- won't → will not
- wouldn't → would not
- couldn't → could not
- can't → cannot

最後以外は，示すまでもないだろうが念のため．最後の cannot は can not の書き間違いではなく，cannot だけは not の前にスペースがないことを再確認しておこう．

3.6 コンマ，コロン，セミコロン，ハイフンの使用法

コロン（:）やセミコロン（;）の使用法はあまり知られていないようであり，また，あまり使用されないようであるが，使用できるようになると便利で表現が広がる．コンマ（,）はもちろんよく使用されているが，用法に関してはあまり知られていないようで，誤用とまでは言わないが，何かの原則，ルールと言うよりも感覚に従って使用されていることが多いようである．とくに，日本語の読点（、）と同じつもりで使用されていることが多いが，そうした用法は不適当，不自然になりがちなので，用法の原則を知ることが必要である．

1) **コンマ**

日本語の読点（「、」「，」[*12]）は，長くなってしまった文章を読みやすくするために，息継ぎのように入れることが多いが[*13]，英語のコンマ（,）を同じ感覚で使用しないことが必要である．文法的な必然性のないコンマは原則として入れない．とくにひとつの文（節）の中の前置詞の前や，前置詞の導く語句の後にコンマをやたら入れないように心がける[*14]．たとえば，"In Japan people are likely to ..." という文において，Japan の後にコン

[*12] 本来の日本語の読点は「、」だが横書きの学術的な文章の読点としては「，」が使われることが多い．

[*13] これも本来はふさわしくない．日本語の読点の使用法に関しては『日本語の作文技術』本多勝一著が参考になる．

[*14] 日本語でも同様である．とくにワープロで打つ日本語は，漢字変換のタイミングでつい読点・コンマを入れたくなってしまうので，推敲時に意識的に読点・コンマを減らすことが必要である．

マは必ずしも必要ではない（入れてもいいが）．

　また，メインの文（主節）の後ろに接続詞（従位接続詞）を伴う付加的な情報を示す文（副詞節）を続ける場合に，接続詞の前にコンマを入れるかどうかは内容によって変化するが，多くの場合には不要である．とくにメインの文の後ろに続けられる，接続詞を伴う文（節）がメインの文章の内容を限定する場合には，接続詞の前にはコンマを入れない傾向がある．一方，補足的な情報を追加する場合には，コンマを入れる傾向がある．つまり，関係代名詞の限定用法と非限定用法の文法を思い浮かべておけばいい．

2) **コロン**

　英語の論文におけるコロン（:）の主な使用法は2つである．(1) ひとつは，文の最後に事例を列挙することである．(2) もうひとつは，前の文章を言い換える，定義する文章をつなげることである．後者に関しては，コロンは文法的にはピリオド（.）と同じなので，コロンによってつながれる文の文頭の単語は大文字で始まる．

3) **セミコロン**

　セミコロン（;）の用法のひとつは (1) 何かを列記する際にコンマと同様に区切りとして用いることである．とくにコンマと組み合わせて，コンマよりも上位の区分を区切ることもできる．(2) もうひとつの用法は，関係の深い文章をつなげることである．文をつなげる場合のセミコロンは文法的にはコンマ（,）と同じなので，つながれる文章の最初の単語を大文字で始める必要はない．

4) **ダーシ**（ダッシュ）

　ダーシ（—）は，前後にダーシを入れて文中に句や語を挿入する際に用いる．日本語における（）を用いた挿入の代わりになる．コンマを用いた挿入よりも，挿入された語句が強調される．ダーシによる挿入は文末に使用されることは少なく（ないわけではない），その場合にはコンマを用いるほうが自然である．

　ダーシをワープロで書く場合には，スペースを入れないで"–"記号（半角マイナス）を2つ続けて（"– –"）書いておく．

3.7 ダブルクォーテーションとシングルクォーテーションとの使い分け

　ダブルクォーテーション（" "）は，(1) 文中に原典の文章をそのまま引用する場合と，(2) 論文や本の章のタイトルを示す際に用いる．シングルクォーテーション（' '）は，あまり使い道はないが，原典の文章をそのまま引用した際に，引用された文中にダブルクォーテーションが使われていれば，シングルクォーテーションで置き換える．ある単語を強調するためにクォーテーションマークを用いることはありうるが，多くの場合にはイタリックを使ったほうがいい．

3.8 e.g., i.e., cf. は何を意味するか

　アカデミックライティングらしい表現として，カッコ（ ）内の挿入句や引用の出典の表記とともに用いられる "e.g.", "i.e.", "cf." という略語がある．あまり見慣れないと感じる人もいるかもしれないが，使用法は簡単である．また，基本的には（ ）の外では用いない．

- ■ **e.g.** ラテン語の exempli gratia の略語である．for example を意味し，音読する場合には，「イー・ジー」と発音する人もいるが，「for example」と発音する人も多い．つまり日本語では「たとえば」ということを示し，ほぼ引用を示す際にのみ用いられ「この言説に関しては非常に多くの引用文献があり，その中の代表的な一部を示します」という意味になる．5, 6個までであれば，すべて引用してしまうほうがいいので，それ以上の引用文献がありうるときに代表的な知見や見解などを示すために使用する．たとえば，(e.g., Hanyu, 1997, 2000; Nasar, 2008; Stamps, 2010) のように使用する．
- ■ **i.e.** ラテン語の id est の略語で，that is の意味である．つまり，「言い換えると」や「つまり」という意味である．本文中では，that is, namely[*15], in other words などと普通に書けばいいので，i.e. は（ ）内にある語句の言い換えを記載するときなどに使用される．たとえば，emotion (i.e., affective

---

[*15] namely に直接対応する略語としては viz があるが，心理学の学術論文中で見かけることはほとんどない．

responses to external stimuli) のように使用する．

- **cf.** ラテン語の confer（bring together）が語源の略語だが，英語の学術論文で使用される際は compare と読まれ，ほぼ「参照のこと」という意味である．直接の出典や引用箇所を示しているのではなく，「間接的に，あるいは全体的に参考にしなさい」ということである．たとえば，(cf. Osgood et al., 1975) のように使う．see also も同じような意味であり，実際にこちらの表現を使用する著者もいる．
- e.g. と i.e. は間にもピリオド（"."）が入るが，cf. には入らない．また，こうした略語と続く単語の間にコンマ（","）を入れる場合と入れない場合が見られるが，e.g. と i.e. は入れるほうが，cf. は入れないほうが正式に近いと思われ，APA の論文作成マニュアル（American Psychological Association, 2010）ではそのように指示されている．少なくとも，1 つの論文の中では入れるか入れないかを統一しておくことが必要である．また，APA のスタイルではこうした略語はイタリックにはしない．しかし，ジャーナルや研究領域によっては，イタリックにすることもあるので，それは投稿先のルールに従う．

3.9　論文の定型文と剽窃

　文章を気にしながら英語の論文を読んでいくと，多くの論文で，同じような内容を伝えるために決まって使用される言い回しがあることに気が付くだろう．こうした論文らしい言い回しの定型文をよく知り，自分の論文の中で用いるように心がけることは，適切な表現を使用するという意味があり，また，論文らしい文章になるという効果も期待できる．すでに書かれている英語の論文の文を参考にすることは「英文らしい英文」「論文らしい文章」を書くために非常に効果的な方法であることは間違いない．

　一方で，文をそのまま写すことは剽窃（ひょうせつ）という問題を引き起こす．剽窃とは他人の創造物を，創造者を示さないまま，利用することである．剽窃は，とくに海外においてはデータメイキング[*16]と並ぶ，研究者のけっして犯してはいけ

[*16] データメイキングの最悪のケースは実際にとっていないデータを用いて結果を報告することだが，結果を操作するために，データの一部を恣意的に分析から外したり，論文に記載しない操作をデータ収集時に加えるなど，許されない方法でデータを改竄する行為すべてがデータメイキン

ない大罪であり，対するペナルティは公式にも，非公式にも極めて重い[*17].

「文をそのまま写す」「文の内容を書き換えて用いる」ことの他に，アイデア（指摘，仮説，モデル，概念，用語など）を盗用することももちろん剽窃だが，それ以外にも既存の思想・概念や研究などの分類法や論理展開など，独創性が認められる作業のすべてに対しての，出典・引用元を表記しない，引用以外での形の無断使用が剽窃と判断される[*18]．つまり，定型文を使うことは必要であり，推奨されるが，剽窃は避けなければならない．このバランスをどうとればいいのだろうか．

どこからが剽窃なのかを判断するための機械的な規則として，何語まで同じ単語を使うことは許され，それ以上は剽窃になるという単語数はない．基準は，その文に独自の情報があるかどうかということであり，独創性があれば，たとえ数単語の語句であっても無断で使用することは許されない．新しい造語が1つの言葉であっても，出典を表記した引用が必要なことを考えれば，このことはすぐにわかるだろう．

たとえば，magical number seven, cognitive map, gradient of texture という言葉は，それぞれ数語の普通名詞の組み合わせだが，新しい概念を提唱したものなので，出典を記すことが必要になる．とくに有名なフレーズを出典の表記なしに使用することは厳禁である．

たとえば：

- "My problem is that I have been persecuted by an integer." （私の問題は，整数のひとつにずっと悩まされてきたことである）[*19]
- "Psychology is a division of science which deals with the function underlying human activity and conduct." （心理学とは，人間の活動や行為の

グである．

[*17] もちろん論文は掲載されないが，悪質な場合の公式なペナルティとしては，所属機関を退職させられる，公職を追われる，研究費を返還させられる，学生であれば退学になるなどがありうるし，不注意なものでも，非公式なペナルティとしてその研究誌の要注意人物になり，その後論文が掲載されにくくなる，などがありうる．

[*18] 英語論文の書き方には関係ないが，日本語の論文の場合には翻訳の日本語訳文も引用の対象である．同じ原文の翻訳でも誰が訳したものであるかを，引用の形で提示することが必ず必要である．

[*19] Miller (1956) の "The magical number seven, plus or minus two: Some limits on our capacity for processing information" の冒頭 (p.81) の文である．

背後に存在する機能を扱う科学の一部門である)*20
といった文は，短く一部を用いるとしても，必ず出典を示した引用の形にすることが必要である．

一方で，とくに独自の情報を持たない，意味的には背景的な一般的表現やイディオム（熟語）は，かなりの単語を費やした文であっても，剽窃とみなされることは少ないだろう．

たとえば：

- The purpose of the present study was to test the hypothesis that ....
- The ANOVA showed the significant main effects of A and B, and the significant interaction between A and B. *21

という言い回しやイディオムに，独自の情報はなく，多くの論文で似たような文が出典の表記なしに使用されている．

「出典の表記が必要な文・語句と必要のない文・語句の違いがどこにあるのか」を機械的に判断するための基準はない．おそらく，必要性と不要性はグラデーションになっており，明確な線引きはできないのかもしれない．しかし，いくつかの経験則はある．

1) 上に書いたように，その研究領域において，多く使用されている一般的な表現は引用不要である．

2) 広く知られた事実や史実，たとえば "Wundt established the first laboratory for experimental psychology in 1879." のような内容の文に関しては出典は不要である．しかし，広く知られていない，あるいは明らかに誰かの労力で発見された，あるいは認識・再認識がされたような事実・史実に関しては出典が必要となる．

3) 造語に関しては，心理学辞典・事典ではない普通の英語の辞書に載る程度の一般化しているものは出典は不要，あるいはしなくても咎められないだろ

---

*20 Watson (1917) が "An attempted formulation of the scope of behavior psychology." の中（p.329）で，心理学を行動の科学として定義している文である．

*21 交互作用が有意になっているので，先に交互作用の結果を報告すべきだ，あるいは主効果の結果を報告する意味はないという意見もあると思うが，そうしたルールはとくに海外の心理学の世界ではコンセンサスがあまりない．とりあえず，自分の信じる順番・方式で書いておき，reviewer/査読者に指摘されたら，その順番・方式に直すのが現実的対応である．

う．たとえば，cognitive psychology や response conformity というような用語も初めは誰かが作成したのだろうが，出典を示すことはほとんどない．だが，そうした普及したもの以外の造語に関してはすべて出典が必要である．しかし，ある程度普及している造語に関しては，出典，つまり論文や著作を指定せずに，造語の提唱者の名前を文中に記述することで済ませることもある．たとえば affordance に言及する場合には，"James J. Gibson's affordance proposes that ..." というような文章は問題にならないだろう．しかし，これも機械的には決められないところがある．affordance であれば，知覚や認知の領域の専門誌向けの論文ならば，ほぼ全員の読者の常識であるので，提唱者なしでも許容範囲かもしれないが，一方で，他の心理学の領域や他の学問領域の専門誌向けの論文であれば，やはり出典付きの引用がふさわしいこともありうる．

4) method/方法，results/結果のような，行ったことや得られた結果などから必然的に決まってくる文には著者の創造性や独創性の働く余地が少ないことから，多くの表現が一般的な表現にならざるを得ないので，剽窃を咎められることは少ない．つまり，各文に必然的に決まる情報以外の独自の情報・創造性の働く余地が少ないので，剽窃になる対象が乏しい．

5) introduction/序論においては，先行研究や仮説・モデルを紹介することにおいて出典を表記しないという過ちを犯すことは少ない．しかし，どの先行研究をどの順序で紹介していくかという review の展開や構造も，出典を示さずに真似をすることは剽窃になる．

6) また，introduction において，これまでの研究の限界や問題点の指摘などを，無意識にせよ，無断で利用してしまうことはありがちであるが，アイデア，つまり知的な創造物のすべてに対して，利用する際には出典・引用元の明示が必要であり，無断使用は剽窃になる．

7) discussion/考察においても，introduction と同様の注意が必要である．過去の研究や知見に言及する際に出典を示すことを忘れてしまうということは少ないだろう．しかし，議論の展開や構成，問題の指摘，あるいは研究領域や実務への貢献の提案などで，他者のアイデアを無断で使用しないこ

とを常に心がけよう．なんとなくどこかで読んだことがあるが，どこに誰が書いたかわからないというような情報，知見，考えなどを思い出すことはよくあることだが，その場合もまあいいやと出典の表記なしで使用することは許されない．見つかるまで出典を探すことが必要であり，見つからなければ使用することは諦める必要がある．

8) すでに造語に関して書いたが，心理学における主要なアイデアや広く知られた用語に関しては特定の出典を示さないこともありうる．しかし，その場合でも提唱者や主要な研究者・関係者がわかっている場合には，文中にその名前を示しておくことが望ましい．どんな場合には特定の個人名を示さなくてもいい，どんな場合には出典を示さなくてもいいのかの判断は難しいので，慣れないうちは何でも引用の形にしておくのが無難であり，それを咎められることはないのでそうしておこう．

9) 自分が過去に書いた文・文章も引用の形にすることが必要な対象である．査読の過程では，reviewer/査読者は論文の著者がわからないことになっているので，自分の文章・アイデアに対しても，他人の文章・アイデアと同じ扱いをすることが剽窃と指摘されないために必要である．また，とくにジャーナルに掲載された文章を，そのまま書く場合には，掲載された論文の利用権・使用権という著作権はジャーナル・出版社に譲渡されているので，その意味でも引用の形をとることが必要である．

　どこまで自分のアイデアに関して引用が必要かということの厳密な判断は難しいが，被引用数[*22]は業績のひとつであり，被引用数が増えることによる不利益は考えにくいので，むしろ自分のアイデアを引用できる場合には，積極的に引用するということでいいと思う．

　最後にもう一度注意しておくが，欧米では日本国内とは比べ物にならないほど剽窃に対して非常に意識が高く，敏感である．reviewer/査読者は論文のテーマの本当の専門家が担当することが多く，そんなところまで気が付くのかというような指摘までしてくることがある．重要な論文や有名な文献だけではなく，ごく普通の論文に使われた言い回しや文章の展開・構成の類似性まで指摘して

[*22] 他の論文にその論文が引用された回数．業績判断の基準のひとつになる．

くることは珍しいことではない．悪意がない，単なる不注意のルール違反で，論文全体の価値を下げたり採用・公刊の機会を失わないようにくれぐれも注意したい．

3.10　自信を持って使える表現・構文を増やす

　こうして考えていくと，剽窃になることのない自然で，英文らしい文を書くための方法のひとつは，使用法に自信のある表現・構文を増やしていくということだろう．他人の文章を直接参考にするのではなく，多くの文章の中に共通して使われる表現，高い頻度で目にする表現を見つけ，それを使えるようにすることである．1つの文章を参考にする，真似することはかなり危険だが，多くの文章に共通して使われている表現を使うことは安全であり，また英語らしい表現ということになる．

　こうしたよく使われる表現を学ぶひとつの方法は，どんな表現が使われているかにだけ気を付けながら論文を読んでみることである．ひとつだけではなく，多くの論文をこうして読んでみれば，多くの論文らしい英語表現というものに気が付くことができる．気が付いたら，自分の論文の中で使うことである．何度も使うことで，どんどん自由にそうした表現が使えるようになり，自由に使える表現が増えれば増えるほどあなたの英語論文は英語らしくなっていく．また，文章を構想する際に，同時に英語の構文が思い浮かぶようになり，そうした構文が自然に収まる文章を書くことでも，文章は英語的になっていく．

Chapter 4
単語の選び方

4.1 名詞は変えない

　学術論文においては，特別な意味がある名詞には専門用語を用いるのが基本である．そして，とくにその論文の中で重要な名詞，たとえば構成概念名，変数名，条件名，尺度名などは，常に同じ用語・表現を用いることが鉄則である．同一の対象に複数の用語・表現を使用すると同一の対象か，別の対象なのかが混乱することがある．というよりも，新しい専門用語が出てきた場合には，新しい概念が導入されたのだと判断されると思っていい．それが同じ名詞の書き換えだと気付くためには労力が必要であり，そうした不必要な労力は不快感をもたらす．そして，reviewer/査読者はそうした不快感を低評価につなげていく．

4.2 動詞は繰り返さない

　動詞は名詞との collocation/コロケーションを考慮する．collocation とは単語と単語の自然な組み合わせのことである．つまり，同時に使用される頻度の高い単語の組み合わせである．文法的には間違っていなくとも，ほとんど組み合わせて使用されることのない単語を用いた文章は，不自然であり，やはり広い意味では正しい英文とは言えないのである．とくに論文で使用される単語の組み合わせというものもあり，さらに言えば心理学の論文らしい組み合わせというものも存在する．こうした，それぞれの学術的な単語，心理学で使われる専門用語である名詞に対応する自然な動詞を使うことが，英語の論文らしい文章を書くためには必要である．

　それでは collocation を考慮した動詞を選ぶにはどうしたらいいだろうか．いくつかの方法が考えられる．

1) 実際の用例を探す

　とりあえず英語の論文をたくさん読んで，よく出てくる動詞になじむことが肝心である．また，論文を書く際には，同じようなテーマの論文・文献を手元において，どんな動詞が使われているかを参考にするのがいい．3.9節でも述べたように，剽窃にならない，オリジナリティのない定型的な書き方は是非真似をするべきであり，とくにごく普通の文の表現にはオリジナリティはないのでどんどん参考にすべきである．

2) collocation（連語）辞典を用いる

　collocation（連語）辞典というのが存在するので，それを参考にすることもできる．しかし，連語辞典はアカデミックな文章，論文の文章だけを対象にしたものではないので，その点には注意が必要である．collocation（連語）辞典で見つけた上で，あらためて論文に使用できる言葉かどうかを確かめる必要があることも多い．collocation（連語）辞典は専門的な英語用の電子辞書には入っていることが多い．

3) 検索エンジンで検索する

　全く何も思いつかないときには難しいが，何か思いついた動詞が，ある名詞とともに使われるかどうかを調べたい際には，インターネットのGoogleやYahoo!といった検索エンジンで調べるというのも有効な手段である．ある名詞とともに使われるとされるcollocation（連語）辞典で見つけた動詞が，どんな文脈や領域でその名詞とともに使われるかを確かめることにも検索エンジンを使うことができる．

　検索エンジンでcollocationを確認する方法は簡単で，調べたい単語を2つとも検索エンジンの検索ワードにするだけである．それで，多くの項目がヒットすれば，同時に使用されることが多いということを示す．同時に，見つかった文やサイトから，どんな領域の，どんな文脈で，実際にどんな構文で使用されるかがわかる．とくにダブルクォーテーション(" ")で，スペースを挟んだ2つの単語を囲んで（たとえば "results revealed"）検索すれば，その順番で続いて文章の中で使われるケースのみが検索されるので，とくに参考になるだろう．

4) 形容詞や副詞を使うときにもcollocationは意識する

　動詞ほどではないが，形容詞や副詞を使用する際にもcollocationに注意

を払うことが望ましい．また，アカデミックライティングにふさわしい単語かどうかも常に注意することが必要である．

　もうひとつ動詞の選び方には重要なポイントがある．それは，論文中で同じ対象に対して異なる用語を併用してはいけない名詞とは対照的に，動詞においては，同じ用語・表現を，「論文の中の文章の近い箇所」で繰り返さないことが必要である．とくに1つの文の中で，同じ動詞を繰り返し使用することは厳禁に近い．同じ動詞が繰り返される文章は稚拙で質が低い文章という印象を与える．そして，そうした点に気が付かない，あるいは十分配慮しない・できないという怠慢，あるいは，能力的に審理できない著者，という評価につながりかねない．同じ意味を持つ別の動詞を見つけるには，(1) collocation と同様に，実際の用法を調べたり，(2) thesaurus/類義語辞典といわれる，同じ意味の語句をまとめた辞典を調べるのがよい．ただし，thesaurus で調べた場合には，collocation や使われる文脈，領域などはわからないので，よく知らない単語に関しては collocation 辞典や検索エンジンで，実際の用法や文例をよく調べることが大切である．

4.3　冠詞・名詞の単数形と複数形・可算名詞と不可算名詞

　冠詞の用法は難しい．しかし最初は，その難しさにすら気が付かないものなので，冠詞の用法を意識するようになれば，それだけで英語力がずいぶん進歩したと言えるかもしれない．冠詞そして名詞の単数形・複数形の使い方は，日本語では意識されることの少ない文法事項である．そもそも可算名詞と不可算名詞という概念も日本語の文法にはない．したがって，こうした文法は日本人が意識することが少なく，また意識するようになってもいつまでたってもうまく使えずに，悩まされるところである．こうした文法や用法を正確に，適切に使えるようになるためには，結局は，多くの英文を読み書いて，感覚として体得するしかないのかもしれないが，とりあえずいくつかの法則や経験則と注意点を挙げてみたい．

- 名詞には複数形をとることが「できる」可算名詞と「できない」不可算名詞がある．どの名詞が可算名詞で，どの名詞が不可算名詞なのかを決める包括

的で論理的な規則はないようなので，個別に覚えるか，いちいち調べるしかない．中でも，論文や学術の領域でよく意識され，誤用すると著者のレベルが疑われる名詞がいくつかあるので注意したい．

その代表は研究を意味する study と research である．study は可算名詞であり，複数の研究は studies になる．一方，research は不可算名詞で，あるテーマや対象に対する研究の総体を示し，複数形の researches という表記はしない．むろん，ネイティブによる意図的な複数形はありうるものの，非ネイティブが使用した場合には，単なる無知と判断されるのでけっして researches は使用しない．ちなみに，研究活動を示す work は不可算名詞であるが，特定の業績や著作物という意味で使われる場合には可算名詞になる．

- ちなみに，experiment／実験と調査という対比的な使い方のように，質問・質問紙などを用いる調査の意味で research を用いることは適切ではない．その場合の調査には survey（可算名詞）あるいは survey research・questionnaire survey がふさわしい．単独の research は広く研究を意味しており，特定の研究法を意味するものではない．

- この他，faculty（大学のある学部・学科の教員の総体），sample, information, knowledge などが不可算名詞であること，data は datum の複数形であることなどを論文を書く際には忘れない必要がある．

- 言うまでもないことだが，複数形になる際に語尾に s (es) が付く以外の変化をする名詞をよく覚えておく必要がある．心理学の論文でよく使う hypothesis（複数形 hypotheses）／仮説，stimulus (stimuli)／刺激，analysis (analyses)／分析，phenomenon (phenomena)／現象などはけっして間違えないようにしたい．ちなみに分散分析を意味する an analysis of variance の複数形は analyses of variance になるわけだが，省略形では an ANOVA と ANOVAs になる．

- researches は論文の中ではまれな用法であるが，多くの不可算名詞は文脈や領域に応じて，可算名詞として使用されることがある．もともと可算名詞と不可算名詞の区分が論理的ではないので，正式の文法的な区分が論理的な文章を書く際にふさわしくない場合がありうる．また，同じ名詞でも総体を示

している場合と，個別の対象を示している場合で変わることや，広く概念を示している場合と具体的な実体・個体を示している場合で変わることがある．たとえば，home という名詞は不可算名詞で，「我が家というもの・自分が所属を感じている場所」というような総体としての概念を示しているが，住宅という意味で使用された場合には，their homes というような複数形をとることがある．

- また，一つひとつの具体的な実験を示す場合の experiment は可算名詞だが，by・by using・via・through・with experiment のように「実験で」「実験を用いて」というように概念的に方法を示す場合は不可算名詞の用法もありうる．

- ひとつの論文内で複数の実験は固有名詞的に大文字で始まる Experiment 1（実験1），Experiment 2, Experiment 3 ... のように表現できる．Experiment と 1 の間にはスペースが入る．さらに細分したければ，Experiment 1a, Experiment 1b ... にすることもできる．他に，研究法が実験でない場合には Study 1（研究1），Study 2 ... という表現も使われる．

- 固有名詞的に使われる Experiment という語をまとめて表現する場合には，Experiment 1 and Experiment 2 や Experiment 1 and 2 ではなく Experiments 1 and 2（Experiment が複数形の Experiments になっている）にすることが多い．これは Study などでも同様である．

- 統計の手法なども，概念的な分析の手法の場合には不可算名詞で用い，個別の具体的な分析を意味する場合には可算名詞として使用する．たとえば，分析の手法を示す文では "Important latent factors in the data were examined by using factor analysis." のように factor analysis（因子分析）は不可算名詞として使用することができるが，具体的な分析を示す場合には "A factor analysis revealed three factors" のように可算名詞として使用することがある．

しかし「いつ」「どの」統計の手法を示す名詞を可算名詞にするか，不可算名詞にするか，また定冠詞の the を付けるかどうかに関する用法はかなり難しい．現実的には，関係する先行研究を参考にして，少なくともひとつの論文の中では一貫したルールに従おう．同様に，仮説・モデルの名称や尺度の

4.3 冠詞・名詞の単数形と複数形・可算名詞と不可算名詞　　　　　　　　　59

名称などに関しても，すぐには理解しがたい難しいルールがあるようなので，実際の用例に従おう．

- 可算名詞は冠詞（a・an あるいは the）が付かない単独の単数形で使用されることはない．冠詞の代わりに some, any, every, each, this, that, its, my, your, his, her, their などが付くこともありうるが，裸の単数形が使われることはないので，冠詞やこうした語句を付ける，あるいは複数形にする必要がある．この用法の誤りは目立つので，著者の能力が相当疑われることになる．もちろん複数形に冠詞が付くこともある．不可算名詞は冠詞が付く場合も，付かない場合もありうる．

- 固有名詞は例外である．固有名詞には一般的には冠詞は付かない．しかし，固有名詞でも複数形や複数の単語による語句には定冠詞（the）が付くことが多い．論文に関していえば，仮説・モデル・理論や尺度などには，固有名詞的な語句であっても定冠詞が付く場合もあるので，それは用例・慣習に従う．

- 冠詞の用法は難しい．しかし，原則としては不定冠詞（a・an）は one と同じ意味であり，ある集合の中のひとつ（にすぎない）ことを示す．したがって，one と置き換えて意味が通じる．定冠詞（the）は this・these や that・those と同じような意味であり，集団の中のひとつではなく，特定の個体・対象を示す．「この・その」という言葉が当てはまる場合には the を付ける．実際に，こうした限定の意味を強める場合には，this・these や that・those を使うことも勧められる．

- (1) 初出時には不定冠詞（a・an）を付け，再出時以降は定冠詞（the）を付ける，(2) of で結ばれた名詞の前の名詞には the を付ける（たとえば the brightness of this room），(3) 限定用法の関係代名詞で説明・修飾される名詞には the を付ける，などの実用上の経験則がある．しかし，これらは多くの場合付けても大丈夫というだけで，付けなくてもいい場合や，付けないほうが本当はふさわしい場合などもある．したがって，この説明は初心者向けの大雑把な方針である．

- こうした原則以外にも定冠詞（the）を付けるべき場合が多数存在する．たとえば，(1) 1つしかないモノ（たとえば the sun：太陽系の太陽，単なる恒星

を示す sun ならば a sun もありうる），(2) 方向や時間を示す表現の一部（たとえば to the left, in the evening）や (3) 総体を示す場合などがある．総体を示す場合とは，たとえば the elder のような表現で，「若い世代と比べて高齢者というものは」というニュアンスの高齢者全体を示す．

■ これ以外で論文を書く際に注意すべき冠詞の法則として，役職を示す名詞は無冠詞になることがあるということがある．たとえば，論文の表紙に書くことがある自己紹介の文章において，"Kazunori Hanyu is professor of the department of psychology at Nihon University." と書く場合に，professor の前には冠詞は付けないことが多い．しかし，associate professor や assistant professor，あるいは Ph.D. candidate[*1]や graduate student の場合には，不定冠詞（a・an）が付く場合が多い．これは公的な立場は無冠詞であるという文法を反映しているのかもしれないが，ルールはよくわからない．

■ each と every は名詞の単数形に付く．all は複数形に付く．some と any はどちらにも使える[*2]．ごく常識的なことだが，うっかり間違えないようにする．とくに every を複数形に付ける誤りは，ときどき見かけるので注意する．

■ no + 名詞の語句の名詞は，複数ある場合には複数形，1つしかない場合や不可算名詞であれば単数形になる．たとえば，"There are no apples anymore."（リンゴはもうない）であり，"He has no country."（彼は母国を持たない）である．

[*1] 本来の意味は，博士論文を書くための資格試験に合格したという意味であるので，日本の制度では該当する身分はないようである．
[*2] 意味は変わる．

Chapter 5
自分の英語力を過信しない

5.1 受験英語を疑う

　中学校や高校で習ってきた英文法の中には，誤りではないが正確には文法と言えないようなものもある．たとえば，「こんな場合にはこうしなければいけない」という風に習った規則が，それは文法ではなく，そうしておけば間違いが少ないという程度のものも多いのである．そうした，誤解されやすい用法をいくつか挙げてみよう．

■「some は肯定文に，any は疑問文と否定文に使う」は正しいとは言えない．some と any は文法に応じて変化するひとつの単語ではない．some はある集団の中の一部である「ある」という意味を示している．したがって，"Some students in the class could not answer this question." (「クラスの中の一部の生徒はこの問題を解けなかった．」つまり，残りの生徒は解けたという意味になる．) というように否定形で使用することもできる．

　any は集団の中の任意の一部という意味であり，言い換えればどの部分を選んだ場合でも，誰でも，どれでもという意味になる．したがって，否定形で使用されれば，誰を選んでも，どれを選んでも否定であるという，全否定の意味になり，疑問形で使用されれば，誰かが，どれかが可能かどうかという質問になる．この全否定や一部であっても可能かという質問は，たしかに一般的な文なので，間違いではないが，論理的にすべての可能性に対応しているわけではない．上の，"Some students in the class could not answer this question." を考えても，"Any students in the class could not answer this question." (「クラスのどの生徒もこの問題を解けなかった．」つまり，誰も解けなかった) とは違う意味であることが理解できるだろう．

また any は肯定文で使われた場合には，論理的には every や all と近い意味になる．つまり，"Some students in the class could answer this question."（クラスの何人かの生徒はこの問題を解けた）に対して，"Any student in the class could answer this question."（このクラスの生徒は誰でもこの問題を解けた）となる．この表現は each student や all students を主語とした場合と論理的には同じ（つまり，全員が解けた）であり，ニュアンス的には each や all よりも，「たとえ誰であっても」というように肯定する力が強い表現とも言える．

- 「序数（first や second など）を含む語句には必ず定冠詞（the）を付ける」は間違いである．"The first factor represents that ..., then, the second factor stands for ..." のように，序詞を含む語句には定冠詞を付けることが多いが，それはこの用法でわかるように[*1]，序数を使用する内容は順序が実際上，あるいは論理的に決まっているので，その内容が限定されることが多いからである．しかし，これは文法的に決定されている規則ではない．

　"A first idea implied by the results is that ..." のように，単に最初のという意味で，論理的に決まった順序がなく，順番の入れ換えが可能であったり，内容が決定されているわけではなく，他の内容と変更できる可能性があるような場合には，確定する定冠詞ではなく，可能性がある集合の中の単にひとつという意味で不定冠詞（a・an）を使用することもある．

- 他に簡潔な表現法があるならば，イディオムはなるべく使用しない．in order to や in attempt to は to に置き換えられるし，for the purpose of や for the intention of は for だけで済むことが多い．こうした，とくに意味のない，表現だけが冗長になるイディオムはなるべく使用しない．もちろん，to や for が重なってしまう場合に，同じ言葉を連ねないという原則に従い，使用することはありうる．

　また，受験のために暗記してきたイディオムの多くは，アカデミックライティングには不適切な表現である．そうしたイディオムの多くは，多様な試験問題を作成するために，文語，口語，文学的な表現，古典的な表現，俗語な

[*1] ここでは，因子分析の結果が想定されている．因子分析では因子の順位は数学的に決まるので，第 1 因子，第 2 因子は必然的に決定され，限定される．

どあらゆる種類の英語表現から集められたものである．したがって，それぞれ適切な使用法があるが，そうした使用法の違いについては詳しく教えられていないと思う．そうした言葉を適当に使用してしまうと，口語と文語，俗語と高尚な表現が入り混じった，おかしな文ができてしまいかねない．使用法に自信がないイディオムは使用しないことである．

- その他の注意として，(1) 限定用法の関係代名詞には which ではなく that を使う．(2) 文章の強調や主張の強さを示すのに very・much などを極力使用しない．文章の強調や主張・断定の強さは，助詞の使い方や動詞と形容詞の選択によって調整する．(3) 文頭にアラビア数字を使わない．文頭の数字は言葉で表現する（たとえば "Thirty-four undergraduate students participated in Experiment 1."）などがある．

5.2 自信のない文を気合で書かない

　ここまで繰り返し書いてきたように，広い意味では英文らしくない文は間違った英文である．論文はアカデミックライティングの文体で書く必要がある．同じような意味であっても，適切な単語を選ぶ必要があり，さらに単語には組み合わせの相性があり，とくに動詞の選び方においては，主語になる名詞を意識しなければならない．剽窃にならない「オリジナルな情報や創造性が含まれない定型文」や学術論文らしい文型を使用することも心がける必要がある．

　こうしたことを考えると，初心者が英語の論文を書くためには1文1文調べながら書く気持ちで，書いていく必要がある．関係する先行文献・論文，英和・英英・類語・連語辞典，インターネットにある単語の用法，あらゆるものを調べながら書き進めなければいけない．1文を書くのに30分，1時間かかることがあるのは当たり前のことであると思ってほしい[*2]．

　しかし，実際に学生が書いた英語の論文を見ると，明らかに何も調べないで，「日本語で考えた文を自分の知識だけで英語に直しました」という文章が目立つ．一見，文法的にはそれほど大きな間違いはないようであるし，日本人が読

[*2] 私自身の経験でも，最初に書いた英語論文では，1日に数行しか進まないことは珍しくなかった．今でも，1文を書くのに，数時間の調べものをすることは珍しいことではない．

めば，それなりに言わんとすることはわかる．しかし，英文としては成立していない．初心者が気合で書いた英文がまともであったためしはない．自分で英語の論文を書き，accept/採用されるということは，実際にはすべての研究者が行っていることではない．そうした，大変な作業をするのであるから，困難さと達成した場合の成果の価値と達成感・満足感をよく自覚し，謙虚に，丁寧に，確実に書き進めてほしい．

Chapter 6
内容の法則

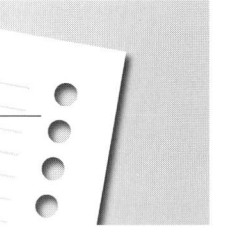

6.1 title/タイトル

title/タイトルには，(1) いいタイトル，(2) 普通のタイトル，(3) 悪いタイトルがある．文才に自信がある人以外は，とりあえず必要十分条件を満たした「普通のタイトル」を目指そう．

まず悪いタイトルとはどんなものかを示してみよう．

1) "A study of ...", "Experiments on ...", "The affects of A on B ..." のようなとくに意味のない言葉を含んだ，平凡で退屈なタイトル．研究であることは当たり前であるし，実験をしたり効果があることも，実証研究であればとくに記載すべきことではない．
2) "Cognition and emotion", "About working memory", "Human aspects in design" など，あいまいすぎて，実際に何をしたのかがわからないタイトル．わからないだけではなく，タイトルが壮大すぎて，生涯の研究テーマのようであり，ひとつの論文が扱うテーマには思われない．
3) "... measured by a Semantic Differential scale", "... by using factor analysis" など，具体的な研究法・分析法を示したタイトル．それが研究の特徴や「売り」ではない限り，タイトルが示す情報としては意味が薄い．

こうした特徴がないのが普通のタイトルである．具体的に普通のタイトルに必要なことを挙げてみる．

1) 研究内容が正確に伝わること：論文の title/タイトルに，まず必要なことは正確な内容が伝わることである．研究の領域・テーマ，目的・仮説，重要な変数，研究の対象者，あるいは主要な結果などが読者に伝わるようにする．
2) 読者の興味を引くこと：研究の特徴・売りなどが読者に理解してもらえる

ようにする．他の研究との違いを示し，読む価値があることをアピールする．先行研究との違い，特別な研究対象，研究アプローチ，分析手法などの，研究の「売り」が伝わるようにする．

3) 検索されやすいこと：論文が多くの読者の目に触れるためには，学術データベースやインターネット上で検索されやすいということも重要である．そのため，この後述べる「6.4 keywords」とともに，タイトルにも「検索語」として使用されやすい単語を含むようにするという配慮もあっていい．keywords と同じ語句を含むべきかどうかには議論があると思うが，個人的には重複してかまわないと思う．keywords には使用できるが，title/タイトルにはふさわしくない語句[*1]というのはあるので，必然的に完全な重複にはならないことが多いだろう．

最後に「よいタイトル」だが，ここでは「名文」「美的」「印象的」というような，必要十分条件を超える素晴らしいタイトルを意味している．いくつか例を挙げてみよう．

1) The magical number seven, plus or minus two: Some limits of our capacity for information processing.（Miller, 1956）（マジカルナンバー 7±2：人間の情報処理能力の限界）
2) The beauty and the beast: Some preliminary comparisons of 'high' versus 'popular' residential architecture and public versus architect judgements of same.（Devlin & Nasar, 1989）（美女と野獣：高級と大衆住宅，および一般人と建築家の判断の比較の試み）
3) The city is not tree.（Alexander, 1965）（都市はツリーではない）
4) Prevending crime: What works, what doesn't, what's promising.（Sherman, Gottfredson, MacKenzie, Eck, Reuter & Bushway, 1998）（犯罪予防：何が有効で，何が効果がなく，何が有望なのか）

これらは美的で印象的なよいタイトルである．1) は言わずと知れた有名な論文であるが，有名な理由には，内容の重要性に加え，このすばらしいタイトル

[*1] たとえば，上に述べたように範囲が広すぎる語句や具体的すぎる研究法を示す用語である．emotion, empirical approach, factor analysis などは keywords にはふさわしいが，title には使いにくい．

の貢献も確実にある．2）はジャン・コクトーの小説『La Belle et la Bête（美女と野獣）』と掛けてある．3）と4）は心理学の論文ではなく，建築学の論文と犯罪学の報告書のタイトルだが，それぞれ印象的で記憶に残る．しかし，こうした名タイトルはめったに存在しないことからもわかるように，思いつくのは難しい．とりあえずは，普通のタイトルを付けるようにしよう．

6.2　authors and affiliation/著者と所属

　author (s) とは著者のことである．誰を連名の著者にし，どの順番で記載するかの判断は慎重に行うべきである．研究者にとって業績はなにものにも代えがたいものなので，審査付きの論文の著者になっているかどうかはとても重要なことである．また，連名の際の順番に関しては，the first author/第一著者の価値が突出して高く，残りは諸説[*2]あるようだが，まあ同じようなものである．とくに大学院時代や若い時代には，学位論文の申請資格や就職の際の業績の資格評価などで，第一著者でないと満たせない条件がたくさんあるので，自分で研究した論文は第一著者になれるようにする．そのためには，研究の実施を主導し，論文の執筆を本人が行う必要がある．もちろん学生が指導を受けながら研究と執筆を行うことは当たり前であるが，常に主体性と自主性を失わないということである．

　また，1つの業績は学位取得のためには一度しか使えないということも覚えておこう．つまり，ある1つの論文を「ある人（たとえばA氏）」が博士の学位取得のために，学位論文そのものあるいはその一部として，または元となる論文（主論文・基礎論文）や関係する論文（副論文・関連論文）として「使用する」と，その論文を他の連名者（たとえばB氏）が学位申請・取得のために「再使用することはできない」．そのため，学位取得を考えている研究者が連名になる際には，その点に関してもあらかじめ同意が必要になる．心理学では，それ

[*2] 普通に考えれば，(1) 前から順番に評価される．(2) あるいは2番目以降は同じである，となるが，(3) 研究全体の統括者は最後に置かれ，評価も高くなるという意見もある．領域ごとでも違いはあるようなので，当事者たちとよく確認・相談して決める必要がある．長年の共同研究では，論文ごとに第一著者を交代する，あるいはアルファベット順に並べ，貢献度は同じであり，順番はアルファベット順にすぎないと注を記す場合も見られる．

ぞれが自分の研究をしていることが多いのであまり問題にならないが，研究室単位で研究をしている場合や大きなプロジェクトに加わりながら研究を行う場合には，あらかじめ，どこまでを自分が主になる業績にしていいのかを，関係者とくに研究の責任者・主導者に確認しておく必要がある[*3]．

affiliation とは所属のことである．業績は所属機関・大学の業績でもあることから，affiliation は研究を行った時点での所属を示すことが必要である．その後，異動があった場合の現所属は，notes/注釈に示す[*4]．また，複数機関・大学に所属している場合には，主に研究を可能にしてくれた機関・大学を示す．つまり，場所や機会を提供してくれた，機材を使用させてくれた，研究費を与えてくれた機関・大学を示す．複数の機関・大学を所属とすることもある．機関（とくに研究費の授与機関）によっては，その際の順番を指定することもあるのでそれに従う．

6.3 abstract/要約

abstract/要約しか読まない読者は非常に多い．インターネット上では，本体の閲覧・ダウンロードは有料だが，abstract は無料で閲覧可能という場合も多い．また，abstract で内容を判断して，中身を読むかどうかを判断する読者もまた多い．reviewer/査読者の多くも，初めに abstract を読んで内容の大枠をつかむとともに，論文の評価の，少なくとも予断を形成する．もしかすると abstract は論文本体よりも重要なのかもしれない．少なくとも，同等の重要性はあると考えておくべきである．

abstract というのは，極めて短い印象があるかもしれないが，実際にはかなりの分量がある．一般的に，心理学の英語論文の abstract は 100～200 words/単語[*5]程度で，図表を除いた論文本体の総単語数は 2500～5000 単語程度である．つまり，abstract は本体の約 5% 程度の量があるということである．これ

[*3] さらに論文執筆開始時・投稿時，学位申請時などにも必ず再確認することが必要である．
[*4] 注釈の形式はジャーナルごとに違いがあるが，1 ページ目の脚注に示すことが多い．
[*5] 文字数ではなく，単語数である．英語の 1 つの単語の平均文字数は 4～5 文字なので，前後のスペースを考え，かりに 6 文字としておくと，150 単語で 900 文字程度，A4 にダブルスペース（行間 1 行）で Times New Roman の 12 ポイントを用いた場合には 10 行程度で 1 ページの 4 分の 1 強の量になる．

6.3 abstract/要約

は，想像していたよりも長いのではないだろうか．重要性は高く，そして思うよりも多くの情報を書き込むことができるので，abstract には十分な手間と時間をかける必要があるということである．

abstract の作成において注意すべきことを示しておこう．

- 基本的な構成は，本文と同じである．(1) introduction（研究のテーマと目的・仮説・リサーチクエスチョンの提示），(2) method（方法），(3) results（結果），(4) discussion（考察）の順番に書いていく．
- abstract に独立した references/引用文献リストを付けることはまずない．したがって abstract だけが独立して配布される，掲載される可能性を考え，abstract における引用は最低限にすることが必要である．とくに関係の深い先行研究や理論・モデルなどがある場合には出典を示すことが必要になることもあるが，その場合にもできる限り，人名や理論・モデル＋人名だけの形で表現できるように心がける．
- introduction として先行研究の review は基本的に不要である．直接関係のある研究や知見のみを記載する．
- しかし，研究テーマの定義や意義，研究の前提や方法論，目的や仮説などはかなり詳しく書き込んだほうがいい．introduction は abstract 全体の 3 分の 1 から半分程度の量を目安とする．
- method としては研究参加者の属性と集め方，研究アプローチ・方法を記載する．使用した機材・機器やテスト・尺度に関しては，それらを使用することが研究の上で特別な意味を持つ場合以外には不要である．
- results に関しては，重要な成果のみを報告する．有意にならなかった結果を含めたすべての結果を書き尽くす必要はない．また，本文で掲載した順番通りである必要はない．重要な結果から順番に書いてもかまわないし，そのほうが望ましい場合も多い．
- results としては文章で重要な成果を記載し，数値を挙げることは最低限にとどめる．たくさんの結果がある場合には，1), 2), 3)...などを用いて，理解しやすくすることを心がける．
- results として具体的な統計処理の方法や使用した技法・オプションを記載することは原則必要ではない．もちろん，方法論が主たる目的の研究であれば

記載することもありうる.
- abstract のような短い文章の中では，discussion として results のまとめはいらない.
- discussion としては，results の意味や意義を記述する．しかし，それぞれの成果に対応して，いちいち記述する必要はなく，むしろ conclusion のような気持ちで，大きく成果をまとめることが大事である．また，研究成果の意義は，等身大に書いておくことが必要である．過大に主張しすぎると，reviewer/査読者が本文を読んだ際に，ギャップを感じさせ，いい印象を与えないし，過小に評価すると，成果の挙がっていない研究を投稿するなという話になってしまう．重要な成果のみを客観的に報告しよう.
- 応用的な研究では，研究的な意義に加えて，社会的・実務的意義を書くことが望ましい.
- discussion の最後に，"Limitations of the present study were discussed." や "Future research directions were proposed." などの紋切型の文はいらないという指摘もあるが，個人的にはおまじない代わりに書いておくことが多い．書いても害は少ないと思う.

6.4 keywords/キーワード

　文献の検索をするための主要な方法がインターネットになった現在において，なるべく多くの機会にインターネット上で検索されるということを意識するのは当然のことになりつつある．検索されるために必要なことは，とくに title/タイトルと keywords/キーワードに検索者が用いそうな語句を使用することである．したがって，とくにキーワードにおいては，なるべく普遍的で，一般的な用語を選んでおくことが望ましい．また，可能であれば複数の単語による語句よりも，1つの単語のほうがいいだろう．一方で，自分がとくに専門としている領域やテーマを意味する単語，用語を入れておくことも，領域・研究テーマにおける認知度を高めるためには有効である．この，検索されやすくすることと領域の研究者として認知されることのバランスを考えて，キーワードを選択することが必要である.

6.5 introduction/序論

6.5.1 introduction の構成

introduction/序論では，研究テーマを定義し，意義・重要性を示し，研究の背景を review し，仮説や research question/リサーチクエスチョンを記述する．ここは心理学の日本語論文と英語論文で大きな違いがある部分である．とりあえず目に見える違いは量である．心理学の日本語論文では，総ページ数が限られていることもあり，序論はほとんどの場合には 1～1.5 ページ程度のことが多いが，英語論文では，比較的 introduction が短い傾向がある基礎的実験研究でも 1 ページしかないということはほとんどなく，平均 2，3 ページで，総ページ数の 15～20％程度になることが多い．社会心理学系や応用的な研究では，introduction は長くなる傾向があり，長ければ 10 ページを超えることも珍しくない．そのため，日本語の論文の流儀で日本人が書いた，introduction がとても短い英語論文は，reviewer/査読者に奇異な印象を与えがちである．日本語の論文では，あまり重視されない部分のようであるが，英語の論文では重要性はとても高い．introduction/序論は，論文本文の冒頭に置かれるものであり，通常最初に読まれる部分である．この部分で印象を悪くすることは，論文全体，そして著者の評価を下げることになりがちである．introduction は論文作成において，とくに気を付ける必要がある章であると言える．

introduction で書くべき内容について，典型的な書くべき順番に従って説明していこう．また，introduction/序論の具体的な構造をよく理解するために，次章に「7.2 introduction 実例分析」という節を設け，既存の心理学英語論文の序論の構造を分析，解説している．

1) 研究テーマの定義，意義・重要性：まず冒頭で「この論文では何（テーマ）について書くのか」を宣言し，「それ（テーマ）はどんなことなのか」を定義する．そして，「なぜ，それ（テーマ）を研究するのか」「研究すると何がわかるのか」について説明する．

　心理学の基本的研究テーマに関しては，心理学者であれば誰でも存在や定義はよく知っており，過去の研究に関してもそれなりの知識がある．したがって基礎的な研究で，心理学の世界でよく知られた構成概念や多くの

先行研究がある研究テーマであれば，この部分はいきなり「ご存知の」という感じで，具体的な研究の話から始めてもかまわない．一方で，とくに応用的な研究では心理学の研究対象は無限にあると言っていいため，多くの研究者が取り組み，厚い知見が積み重ねられているテーマや構成概念はごく少ない．したがって，心理学の基本的な研究テーマや構成概念以外を扱う場合には，「そのテーマや構成概念と心理学，あるいは心理・ヒューマンファクターの関係性」や「なぜ心理学的な研究が必要かの理由」までを，かなり厚く記述する必要がある．

2) literature review/文献レビューは，専門家だが領域の部外者が，研究テーマの背景に関して網羅的，かつ体系的に理解できるように書いていく．その論文を読めば少なくともその領域に関する最低限の必要知識が得られることが基準である．日本語の心理学の論文では，直接関係のある先行研究のいくつかを紹介するだけのレビューが多いが，英語論文では「2.14 抽象レベルと具体レベルの行き来：文章の階層性」で説明したように，研究テーマ全体の研究史を記述する抽象レベルの文章の中に，具体的研究の紹介が組み込まれていく構成になる．

　　また，単に研究・文献の列挙ではなく，あるストーリーを持った紹介が必要である．ここでのストーリーとは，研究法であったり，研究対象者・対象物であったり，問題解決への視点などを決めるということである．ひとつの論文の中に，関係性の低い複数のストーリーがある．必要な場合には，節を分けるなどして，別の複数のストーリーがあることをわかりやすくすることが必要である．

　　introduction の執筆の際に気を付けるべきことのひとつとして，review は著者の専門性，能力を示す場所でもあるので，古典や最重要論文を落とさないことがある．マイナーなジャーナルに掲載された論文だけを取り上げることは，著者が本当にその領域やテーマの専門家なのかどうかに関して，reviewer/査読者に疑いを抱かせる．たまたま限られた論文に興味を持った部外者が書いているのかもしれず，そうした疑いから，その論文の内容も見当違いであったり，偏向しているのではないかと予見を持たれる可能性がある．まして，自分の論文だけを引用するというようなことは絶対に避け

る必要がある．それは好事家の趣味である．心理学の研究は，心理学，あるいは関係する他の研究との関係の中でのみ意味があり，理解されるものである．他の研究との関係がわからない研究の知見は評価できず，学術的意味はないと言っていい．

また，とくに比較的最近に重要な論文を書いている，領域における第一人者は reviewer/査読者になる可能性が高いので，彼らの論文を落とさないことにも注意を払う．専門家を自負している reviewer/査読者が，自分の専門に関する論文で自分の論文・著作の引用がないことに気が付くと，それだけで著者の専門性の評価を下げることになる[*6]．

論文を書いている段階で，すでに投稿先のジャーナルが決まっているならば，とくにそのジャーナルに掲載された論文をなるべく多く引用することも大切である．投稿先のジャーナルに掲載された論文を引用することは，引用をすることの必然性を感じられるし，そのジャーナルを投稿先に選んだことに対しても説得力を持つ．こうした必然性や説得力は査読の各過程において肯定的な効果が期待できる．少なくとも，投稿論文の内容がジャーナルにあわないという理由で，reject/不採用になる可能性を減らすことができる．

review で紹介される研究には，必ず最近数年の研究が含まれるようにする．最近の研究がないならばその点を強調しておく．この強調なしに 20 年前までの研究で review が終わってしまった場合，研究者の専門性が疑われ，また知見を update/更新しない怠惰を責められる．また discussion で初出の文献・研究がないようにすることが原則だが，これまでの研究や理論から考えて，書いている論文の研究が示した予想外の結果に関係する文献・研究は無理に紹介しないこともありうる．その場合には，discussion で初めて紹介することが自然になる．

3) 目的や仮説は最後にまとめて述べる．introduction の途中に目的がばらばらに述べられるのは理解しにくい．もちろん大きな目的のあとに，また研

[*6] reviewer/査読者から，review において「この論文の引用が必要だ」と指摘された場合には，それが古典的研究ではない場合の半分程度は reviewer/査読者本人の論文・著書である．お礼を述べて，修正時に必ず加えよう．

究の紹介がありそのあとで補足的な目的・別の目的が述べられるという構成もありうるが，そうした意図的な構成ではなく，目的が何度もばらばらに記載されることは避ける．したがって，原則として仮説は introduction の最後に簡潔に記載する．箇条書きにしてもよい．仮説がない場合には，何を明らかにするための研究なのかを示す research question/リサーチクエスチョンを記載することが読者と reviewer/査読者の理解を助ける．

6.5.2　introduction をいつ，どのようにして書くか

ところで，introduction/序論をどのタイミングで書くかに関して考えてみよう．論文の冒頭に置かれるからといって，introduction を初めに書かなければならないということはない．results/結果と discussion/考察につながるストーリーを生み出すためには，少なくとも分析結果が出た後に書くことが必要であるし，場合によっては results と discussion を書いた後，あるいは全体の最後に introduction を書くこともありうるだろう．大切なことは，読者と reviewer/査読者に理解しやすい，一貫したストーリーを持つ論文を書くことである．

また，review/レビューするための論文・文献をいつ読むかという問題もある．もちろん，研究を開始する前に直接的な先行研究論文は読んでいると思うが，それだけをまとめて review/レビューにしてはいけない．論文作成のための文献研究は review のために絶対に必要である．

それでは，実際の review のための文献研究の手順の例を考えてみよう．

1) そのテーマで初めて論文を書く場合には，とりあえず，研究テーマに関する review 論文があればそれを読む．そのテーマに関する *Annual Review of Psychology* 誌の review 論文があれば，最新のものをとりあえず読んでみる．こう考える研究者は多いようで，*Annual Review of Psychology* の被引用数，具体的には後述するインパクトファクター（IF）は心理学のジャーナル中トップクラスである．
2) そのテーマに関する review/レビュー論文が見当たらなければ，そのテーマに関する論文で，とくに引用されることが多い有名な研究論文を読む．
3) 読んだ論文の中で言及や引用されていた重要そうな論文の中で，1 つの特定のトピックや方法論に関して関係のありそうな論文を読み進める．これを

論文 5〜10 本程度まで繰り返す．このことにより，あるストーリーを構成する相互に関係した論文の集まりに関しての知識が手に入る．この，あるテーマと論文の集まりが，自分の書き進める introduction を構成する全体ストーリーの部品になる[*7]．

4) すでに読んだ論文とは別のトピックや方法論の重要そうな論文を読み進める．上と同様に，5〜10 本まで読んでいく．トピックや視点・方法論が違っていても，本当に重要な研究は，すでに読んだ論文の中でも引用されているはずであるので，重要な論文かどうかの判断はかなり楽に，正確になっているはずである．

5) さらに別のトピックや方法論の重要な論文を 5〜10 本程度，読み進める．この，別のトピックを見つけて読み進める作業を，それまで読んできた論文を通じて，自分の論文の研究テーマに含まれている主要なトピックがすべて含まれるまで繰り返す．最終的には，30〜100 本程度の論文を読むことになるだろう．

6) 実際には各論文にある review を読むうちに，そのテーマに関する研究の全体像が把握できるようになる．したがって，最初の 10 本程度は精読が必要だが，それ以降は，自分の論文の執筆をすることにおける各論文の意味や価値は，すでにわかっていたり，あるいはざっと読むだけでもわかるようになる．

7) こうした (1) そのテーマの論文に関する全体像，(2) そこに存在する主要なトピックの理解と関係する論文群，(3) そして自分の研究の結果が集まれば，introduction，さらには論文全体の基本的なストーリーの構成・展開は必然的に決まってくるはずである．

8) この作業は初めてのテーマや対象の論文を書く際に必要なことである．同じテーマや対象の 2 作目以降は，前作以降に発表された論文を読んだり，新たに加わった視点・論点などに関する論文を追加して読む程度で済むよう

[*7] このように関係のある論文を，その関係性とともに収集するためには，いきなり psycholit・psychoinfo に代表される文献データベースや Google Scholar のようなインターネット上での文献検索システムで検索しないほうがいい．データベースで表示される文献からは，重要性や関連性を判断することは難しく，入手した上でそうした判断が必要になるので負担や時間の無駄が大きくなる．文献研究の初期においては，そうしたシステムは手に入れる文献を確定した上で，入手手段として，あるいは入手手段を見つける方法として利用することが望ましい．

になり，作業は大変に楽になる．

また，ここでは文献として論文を中心に話を進めたが，review を書くための材料となる文献としては，書籍・本もある．その文献が本の中の 1 章であれば，扱いは論文と同じである．しかし，本 1 冊という場合にはどうするべきか．理想を言えば，本もすべて読むべきであろう．しかし，あなたの論文に関係がある英語の専門書が 10 冊あったとすると，現実にはすべてを精読することは難しいだろう．それを待っていたら半年以上かかるかもしれず，いつまでたっても論文を書き始められない．書籍は余裕があるときに読み進めておくべきなのだが，もう後の祭りである．

したがって，最低限必要なことは，本を引用する際の「該当する箇所」を読んで内容を確認することである．けっして二次引用・孫引きをしてはいけない．孫引きの正確な意味は「ある著作の中で引用されている文献を，その著作の中で引用されているというように紹介すること」である．ここではもう少し広い意味で使っており，他人の著作の中で引用されている文献を，自分では調べないで，自分の著作物の中で引用してしまうことも含んでいる．孫引きの問題点のひとつは（1）他人の労力を代償を払わずに使用する不正行為ということであるが，もうひとつは（2）原典にあたることなく引用を繰り返すと，引用が示していることと原典の内容の間に違いが生じることがあるという危険性である．伝言ゲームと同じように，原典の確認なしで繰り返された孫引きは，内容を（1）単純化したり，（2）極端にしたりしてしまう．そして，そのように間違ってはいないが，ゆがめられた有名な言説はたくさんある．また，該当箇所が限定されていないような全体的な引用の場合には，ぱらぱらと拾い読みをするだけでもいいので，少なくとも「どんな感じの本であるか」を知っておく必要がある．専門書か入門・啓蒙書なのか，あるいはどのくらいの厚さで，どんな文体で書かれた本であるのかを知っているだけでも，誤った引用をしないためには効果がある．手にとったこともない本を引用してはいけない．

6.5.3 introduction を書くときのもうひとつの視点

introduction/序論を構成していく際にもうひとつの視点がある．それは，(1) 目的の意義・重要性と (2) 目的の意味・内容を十分に説明することが introduction であると考える視点である．つまり，目的から逆算して，その目的が成立するように introduction のストーリーが展開すべきであるということである．この視点に立てば，(1) まず目的，つまり仮説やリサーチクエスチョンを考え，(2) その上で最終的にその目的にたどり着くように先行研究の紹介や実証・反証の記述を積み重ねていくという順番で introduction は構想されることになる．

つまり上に書いた (1) 論文の研究テーマについての最低限の包括的・体系的なレビューをするという視点と (2) 目的を十分に成立させるという視点の2つを同時に持つことが，よい introduction/序論を書くために必要なことである．このあと「7.2 introduction 事例分析」で紹介する introduction のうちのいくつかは，この「目的を成立させることから逆算する」という視点を強く持って構成されていると理解することができる．とくに目的に複数の構成概念が関わる研究においては，そうした構成概念が十分に説明され，それらを組み合わせて研究することの意義が理解できるようなストーリーが採用される傾向が強い．

実際に目的を先に書き，遡って introduction を書いていくということは少ないかもしれないが，どのような順番で書いていくにせよ，introduction を書いていく際には常に，目的が成立するというゴールの方向に向けて書き進めるという，頭の中の羅針盤を持っておく必要がある．

6.5.4 心理学以外のジャーナルへの introduction

最後に，心理学系以外のジャーナルに心理学的な論文を書く際の introduction についての注意点を述べておく．工学や医療の領域などに心理学の論文を投稿することがありうるだろう．この際に，そうした領域において心理 (学) 的な研究やヒューマンファクターを扱った知見が不足しており，必要であることを書くことは，その論文の重要性を示すために必要である．しかし，投稿先ジャーナルの領域の研究を批判するような論調で書くことをしてはいけない．あくまでも，補足するのだということを書かなければ，反感を買うだけである．各学術領域には固有のパラダイムがあり，そのパラダイムの中で研究を競っているのである．むやみに部外者がそのパラダイムそのものを批判したり，否定するようなことを言ってはいけない．したがって，introduction は，投稿先の領域の研究そのものではなく，心理学との接点，心理学におけるそのテーマを中心に構成するほうがいい．また，論文全体において「お役に立ちます」「こんなこ

ともあります」「心理学的にはこんなことがわかりました，参考にしてください」という態度で書くことが必要である．問題を提起したいのであっても，強く反感を買っては論文が accept/採用されにくくなる．

そもそも自分の専門以外の領域に対する発言には，常に細心の注意が必要である．とくに学術論文なので，あからさまに批判する際には，その領域に関して専門家並みの見識・能力が必要である．してはいけないということを言っているのではないが，反論・批判されたときに，専門的で論理的に再反論できることが必要である．そこで価値観の相違や感情論で水掛け論をするのは科学者ではない．

6.6　method/方法

method/方法で書くことはほぼ決まっているので，それらを不足なく書くことが一番大切である．論文はすでに行った研究の報告なので，この method/方法と次の results/結果は原則として過去形で書かれる．method/方法で書くべきことを，その順番に挙げておこう：

1) **participants/参加者**

　　かつて使われていた subjects/被験者の用語は用いないという意見はかなり強いので，特別の主張がなければ "participants"/「参加者」の用語を使用しておく．respondents/反応者，raters/評定者，observers/観察者，interviewee/インタビュー対象者などの，それぞれの研究において，よりその立場や役割が明確になる用語があれば，それを用いてもいい．しかし，「4.1 名詞は変えない」で指摘したように，論文中では一貫して同じ用語を使用することが原則として必要である．

　　最低限どんな論文でも，参加者の人数と年齢，職業や社会的役割に関する基礎的な記述統計量を示しておく．人数は，男女別が望ましい．年齢は平均と *SD* を示し，range/範囲も示しておいたほうがいい．職業とは，とくに学生・大学生かどうかということであるが，それ以外にも共通する属性や特筆すべき特徴があれば記載しておく．学生・大学生は一般成人群と比較して社会的知識や経験に乏しい群として判断されるだけではなく，国によっては知的能力が高い群，あるいはエリート層としての特色を持つ群

として理解される場合もある．参加者の募集方法や謝礼の有無に関しても記載する．とくにサンプリングをしたのであれば，その方法は具体的に記述しておく．欠損値や不完全なデータに関する記載はここにではなく，後のresultsに記載するべきである．必要であれば，研究実施の日時・場所もこのサブセクションに書いておく．

2) **material/研究機材**

実験に使用した設備や機材，面接・観察の記録用具，研究の準備や実施に使用したコンピュータソフトなどの研究機材と実験の刺激，心理テスト・尺度，調査票，質問紙，評定項目などのデータをとる際の材料を記載する．materialのサブセクションには具体的な名称，内容，性能の説明を記載する．materialに関する意義や重要性が，論文のストーリーと強く関係しているならば，そうした内容は，この前の章のintroductionに書くべきである．

記載する内容に応じて，apparatus・apparatuses/機材・機器，material/実験材料，stimuli/刺激，scales/尺度，questionnaire/質問紙などの適当なサブセクション名を付ける．ここには，その研究を再現するために必要な情報をすべて記載するのが原則である．そのために必要なことを挙げておこう．

- 機材・機器に関しては，メーカや型番までを記載する．コンピュータソフトに関してはバージョンも記す．
- 機材に関して，複数の使い方やモードなどがある場合には，それらも指定する．
- 既存の心理テスト・尺度を用いた場合には名称を記し，出典を引用の形式で示しておく．
- 既存の心理テスト・尺度を用いた場合は，(1) 使用・解釈の方法が完全に標準化されており，それらに基づいた全体的な得点や下位尺度の得点の算出がされ，研究でその方法を使用した場合には，各項目を論文に記載する必要は必ずしもないが，(2) 論文の対象となる研究で，下位尺度や因子構造に対して再検討を行った場合や特定の項目の得点を変数とする場合には，各項目を引用の形式で記載しておく必要がある．
- 自分で開発した心理テスト・尺度，調査票，質問紙，評定項目に関しては，原則として全体を掲載することが必要である．刷り上がりで2

ページ以内に収まる場合には本文のこのセクション（method）に記載し，それを超える場合には appendix/付録に掲載する．しかし，4, 5 ページを超えてしまう場合には appendix にも多すぎるので，論文での解釈に必要な部分のみ記載し，"The questionnaire adopted in this paper is available from the corresponding author."（この研究に使用した質問紙（あるいは尺度，評定項目）は著者から提供可能である）とでも書いておく．

- 実験の刺激に関しても，原則は心理テスト・尺度，調査票，質問紙，評定項目と同じである．すべて掲載することが望ましく，量が多い場合には，必要に応じて著者から提供することを記す．また，カラー画像やデジタル刺激，動画なども掲載できない，あるいは難しい場合が多いので，要請があれば著者から提供することを記しておく．

- 英語で書かれた心理テスト・尺度，調査票，質問紙，評定項目を日本語に翻訳して使用した場合には，翻訳の方法も記載しておく．とくに項目の wording/言い回し・言葉づかいが結果に影響する可能性がある研究では，翻訳に細心の注意が必要である．理想的には，backtranslation/バックトランスレーションが行われることが望ましい．backtranslation とは一度別の言語に翻訳した文（たとえば和 → 英）を，さらに第三者に元の言語に翻訳し戻して（たとえば和 → 英 → 和）もらい，元の文と翻訳と翻訳し戻してもらった文の文意が一致することを確認する作業である．

- 日本語で書かれた・開発された心理テスト・尺度，調査票，質問紙，評定項目を使用した場合には，それらを英語の論文に掲載しても意義は少ないので，量が多すぎる場合と同様に，著者から提供できると記しておく．

- 自分で心理テスト・尺度，調査票，質問紙，評定項目を開発した場合には，開発と標準化の手続きに関しても十分な記載が必要である．

3) **procedure/手続き**

具体的に何を行ったかを書く．研究を再現するために必要な情報は不足なく書き尽くす．研究のテーマや方法により，具体的に書くべきことはずいぶん違うので，関係する既存の研究の書き方を参考にして，必要な情報

が抜けないようにする．また，近年心理学の研究においては，倫理的な問題に対する意識が高まっているのでよく注意が必要である．
　具体的には：

- participants は自分の意思で研究に参加しているという表現を用いる．したがって，participants が研究に参加することを示す場合に，使役動詞とくに make を使用した文を控え，ask や participate を用いるようにする．voluntary/voluntarily という言葉を使って，参加の自主性を強調することも勧められる．
- 研究の意図・目的を隠したり，データの収集時には誤った意図・目的を伝えていた場合には，データ収集後に必ず真の目的・意図を伝え (debriefing)，このことを論文に明記する．この debriefing の適切な実施に関しては，英語の心理学のジャーナルの多くで，査読の評価における，独立した項目になっている．
- またデータの収集時に，いつでも研究参加を取りやめることができることを参加者に伝え，そのことを論文に記載する．
- 研究に対して倫理的な問題がないことを research ethics comittee/研究倫理委員会[*8]に認めてもらい，証明書を提出することが，その研究に関する論文が承認されるために必要とされることがある．この承認を受けた場合には，そのことも記載する．今のところ research ethics comittee の承認を要求する心理学のジャーナルはそれほど多くはないが，今後は一般化していく可能性がある．

6.7　results/結果

　results/結果では，研究の追試や再現が可能になる，また解釈がひとつに定まるために必要な完全な情報を示すことが必要である．results を書く順序は以下の通りである．

1) 使用したデータと群や条件の構造，欠損値・外れ値の扱い，数値変換など

[*8] research ethics comittee/研究倫理委員会は行政的な機関，あるいは独立した法人ではなく，大学・学部や研究機関ごとに設置される機関である．近年，設置件数が急増している．

の統計対象としたデータの説明.
2) 統計・分析の結果. 統計・分析結果は単純なものから複雑なものへと書き進める. したがって典型的な順序は:
   a) 各群・条件の n, 平均 ($\bar{x}$), 標準偏差 (SD), レンジ(範囲) などの1変数の基礎統計量. SD は実際の計算値 ($\sigma = \sqrt{\frac{\sum_{i=1}^{n}(x_i-\bar{x})^2}{n}}$) なのか, 推定値 ($s = \sqrt{\frac{\sum_{i=1}^{n}(x_i-\bar{x})^2}{n-1}}$) なのかを示しておくと丁寧である[*9].
   b) 必要に応じて, 多変数間の相関行列表とさらに必要に応じて偏相関行列表[*10]. 多重共線性(がないこと)への言及をする.
   c) 分散分析や多変量解析などの結果.
      ■ 分散分析では, 従属変数と実験計画(要因=独立変数と各要因の水準数)を紹介し, 被験者内の要因がある場合には, 球面性の検定の結果をまず報告しておく.
      ■ 分散分析の実験計画を方程式に表記する際に, 複数の独立変数を連ねる記号は × であるが, これに "*"(アスタリスク)を用いてはいけない. ワープロやエディターを用いている場合は x(半角小文字エックス)で代用しておく. たとえば, "A 2 x 2 between subjects[*11] (factorial design) ANOVA revealed that …" のようにする(( )内は任意).
      ■ 分散分析の結果で交互作用が有意である場合には, 主効果の結果にはあまり意味がないので, 交互作用の結果を先に報告することが理論的には望ましいが, 必ずしもこのルールは全心理学者に共有されているわけではないので, reviewer/査読者に指摘されたら, 主効果の結果を先に書き, とくに解釈しないで, 交互作用に言及するようにする.
      ■ したがって, 基本的な分散分析の結果は, 交互作用の結果 → 主効果の結果 → 単純交互作用・単純(単純単純)主効果 → 多重比較の順

[*9] 南風原(2002, p.32)は分布の記述的指標としては前者の計算値を使うことを勧めている.
[*10] とくに多変量解析をする際には, 論文に掲載するかどうかにかかわらず, 相関行列と偏相関行列を作成し, 結果の考察時に参照することが必要である.
[*11] subjects は複数形である. between-subjects や within-subjects のように, ハイフンで単語を結ぶ場合も多い. また, 実験計画の表現で subjects の代わりに participants を使うことは, (まだ)ほとんど見かけない. 現状では, subjects を用いておいていいと思われる.

になる．

- 複数の多変量解析をする場合には，データの構造を示すもの（クラスター分析，MDS，数量化III類・対応分析，因子分析・主成分分析など）が先で，因果的な関係を示すもの（各種回帰分析，正準相関分析，構造方程式モデリング・共分散構造分析など）を後にすると，構成が論理的になり理解しやすくなることが多い．
- 多変量解析においても，まず全体の有意性の検定や説明率の記述などの記述統計的な結果を示し，そののちに各変数に対する係数や検定結果，変数間の係数や検定結果を書くようにする．つまり，ここでも全体から細部へという順番になる．
- 分散分析にせよ，多変量解析にせよ，多くの結果，とくにすべての数値を文章の中で無理に示そうとしないようにする．文中には結果のハイライトを示せば十分である．数値はtable/表で示し，関係や構造はfigure/図で示すように心がける．わかりやすいtable/表やfigure/図を作成することができれば，多くの研究者はそれだけで結果を理解し，その意味を推察することができる．

3) 結果を列挙する際には，「2.10 順序の規則」に従い，(1) 規則性（論文中では，研究（実験・調査），尺度，変数，項目の順番は常に一定にする）と (2) 重要性（重要な内容を先にする）のバランスをとるようにする．

次に，順序以外のresultsを書く際に重要な点を挙げてみよう．

- データの数値を変換した場合には必ずそのことを記述し，その必要性と妥当性を説明する（説得する）ことが必要である．また具体的な方法や数式を示し，再現可能にしておくことが必要である．また筋のいい変換（標準化，センタリング，対数変換，角変換などの，よく知られた，また理由も数式もその意味が明確な変換のこと）を行うことが必要であり，どんな数値変換をしてもいいわけではない．
- 外れ値などデータの一部を分析から外した場合には必ずそのことを記述し，外した必要性と妥当性，そしてその方法と結果を記述することが必要である．単に大きいから，あるいは平均 $\pm 2SD$ など一定の範囲を外れているからとい

うのは必要な理由にはならない．それは統計・検定の結果を望ましい方向に導くためということになり，不当な手続きである．外せる外れ値には，「想定とは明らかに異なる方略がとられたことが示唆される」「量的だけではなく，質的に異質の対象であることが明らかである」などの妥当な理由が必要である．

- 統計量（t値やF値，r値などのこと），自由度，検定であればp値を必ず記載する．p値に関しては有意水準との大小関係ではなく，具体的な数値を示すことが多くなってきた．たとえば「$p < .05$」ではなく「$p = .023$」と書く．

- 効果量の記述が要求されることが多くなっている．APAの論文作成マニュアル（American Psychological Association, 2010）ではすでに，何らかの形での効果量の記載は必須としている．効果量（および検定力）に関する最低限の知識を持っておくことが必要な時代はすぐに来そうな気配である．記載が要求されていない場合でも，統計量だけではなく，各群・条件ごとの生の平均値や分散の指標が示されていれば，一番原始的な形の効果量の目安になるので，こうした生に近い基礎統計値をなるべく記載するのは望ましいことと言える．また，相関係数や相関比はそのままである種の効果量である．

- 多変量解析を行った場合には，慣習的に記載される情報は必ずすべて記載し，必要に応じた情報を付け加える．本文中で言及しない数値は記載しないという考え方もあると思うが，言及しない場合でも最低限，常に読者に伝えるべき情報はあるので，それは記載する．

  たとえば：

  - 因子分析であれば，因子数の決定法，共通性の推定法，回転の方法，少なくとも回転後の因子負荷量，固有値，共通性，斜交回転をしたのであれば因子間の相関を示すことが最低限必要である．なお，回転は因子数が決定されたのちに行われるので，「回転をした結果から因子数を決定した」と読めるような記述はしないようにする．

  - 重回帰分析であれば，モデルのF値，p値，説明率（R^2）と修正済み説明率（$adjR^2$），各説明変数の回帰係数（ロジスティック回帰分析であれば，オッズ比や対数オッズ比），標準化回帰係数が最低限必要である．判別分析もほぼ同様だが，判別分析の場合には，判別力（正判別率）も記載する．

- 構造方程式モデリングにおいては，各パスの標準化係数と標準化されていない係数の両方を示すことが望ましいが，一方を示した場合はどちらを記述しているかを明示しておくことが必要である．適合度に関しては複数示しておくことが慣習のようなので，GIF と AGIF，RMSEA を少なくとも記述しておく．カイ二乗（χ^2）値は，n が増えて検定精度が高まるとたいてい有意（不適合）になるので，記載しなくともいいと思う（記載して，このような弁解をするのは無駄であると思う．しかし，記載を要求してくる reviewer/査読者もいるので，その際は記載しよう）．AIC や BIC は，1 つのモデルを基準にして，変数の増減をした複数のモデルを比較するための指標なので，1 つのモデルに対する適合度そのものではない．
- クラスター分析では，変数間の距離の計算方法，分析の具体的手法，クラスター数の決定法を記載する必要がある．階層的クラスター分析では，手法により結果が劇的に変化するので[*12]，どの手法を採用したかはとくに重要な情報である．また，距離の計算法も，統計ソフトによりデフォルトや初期設定はまちまちなので，調べておくことが必要である．
- MDS では，使用した方法の具体名，非類似性の定義や計算方法，次元数ごとの適合度（stress・sstress や goodness・badness of fit）と次元数の決定方法を記載する．また，結果で得られた各変数の布置を図にプロットして示すことまでが必要（でなければ，MDS を行う意義はほとんどない）だが，採用した次元数以外の結果のプロットも論文には掲載しなくとも作成しておくと，結果の正しい解釈に役に立つ．
- 数量化Ⅲ類・対応分析では，最低限，次元数の決定方法と布置のプロットを示す．MDS と同様に，布置のプロットを示さなければ，分析をする意味はほとんどなくなってしまう．次元の説明率を示すこともあるが，とくに数量化Ⅲ類では，説明力の高い合成変数を作成することが目的ではないので，重視しなくともよいことが多い．むしろ，個別の変数の挙動に注目すべきであり，説明力が低い次元に現れる，自明ではない結果を重視する

---

*12　クラスター分析に限らず，変数間の構造を示す多変量解析の多くは，ある方法でデータを整理，変換した際にどのようになるかを示しているので，どの方法の結果が一番正しいということはない．あくまでも，その方法ではこうなるということが示されている．したがって，分析の目的や解釈の容易性などにより，「適切な手法とその結果」を採用することになる．

ことが大切とされる．

- すでに述べたように，多変量解析を行う際には，全変数間の相関係数行列を掲載することが望ましい．また，相関行列表は，対角成分を挟んで，情報が冗長になるので，半分の三角形部分を利用して，偏相関係数を示しておくことも望ましいことである．相関行列と偏相関行列を同時に眺めれば，多変量解析，とくに重回帰分析と構造方程式モデリングの解釈を誤ることが少なくなる．

■ データマイニング系の技法や極めて新しい統計技法を使う際には，分析法自体の紹介や説明が必要になることもある．とくにデータマイニング系の技法は，まだそれほど心理学の世界で市民権を得ていないので，使用しなければいけない理由の説明が必要かもしれない．reviewer/査読者によっては，そうした技法そのものに対して，否定的・懐疑的な場合もある．

■ results とは直接関係ないが，編集担当者，reviewer/査読者，あるいは読者から求められたときに対応できるように，生データ（質問紙，記録票，チェックリスト，分析用のデータファイルなど）と分析過程の記録（たとえば，統計処理ソフトのプログラム）や全分析出力は，論文が掲載されてしばらくするまでは，処分してはいけない．数値を確認する場合，再分析が必要になる場合などに必要となる．また，万が一データの改竄やデータメイキングが疑われた場合に弁護するためにも必要である．

6.8　discussion/考察

6.8.1　discussion の構成

　discussion/考察は introduction/序論と同様に著者の創造性を発揮できる部分である．しかし，ある程度までは形式や書くべき内容は決まっているので，そうした暗黙の法則に従うことが「論文らしい論文」を書く方法のひとつである．独創性は形式ではなく，内容や展開で発揮しよう．また，introduction/序論の内容を意識し，対応するように書いていくことが，論文全体のストーリーを理解し納得しやすくさせる．

　以下に典型的な discussion/考察で書かれることを挙げる．

1) 研究の目的と研究デザインのまとめ

discussion の導入として，本研究がどんな目的で，どんな方法で行われたかを，とくに研究の特色，売り物に焦点を当てて，簡単に説明することがよくある．たいがいは abstract の冒頭の文章と同じような文になる．1 文から 1 パラグラフ程度のごく短い量であることが多い．自然な導入であると同時に，次に続く結果のまとめをわかりやすく理解させることができる．

2) **結果のまとめと仮説が支持されたかどうか・リサーチクエスチョンへの答え**

結果をまとめる．とくに複数の experiment/実験や study/研究が含まれている論文では，それぞれの実験や研究の結果全体が何を示しているかを説明する．たとえば，すべての結果が一貫しているか，それとも一貫していない，あるいは矛盾するということを示す．あるいは，それぞれの実験・研究の結果がどんな意味を持っているかを整理して，次の結果の解釈につなげるということもよくある．

仮説がある場合には，その仮説が支持されたかどうかを示す．リサーチクエスチョンがある場合には，それを再提示した上で，それに対する答えを記述する．

3) **結果の解釈と，その解釈の妥当性を示すための議論**

結果が何を示しているか，どんな点が重要かを解釈する．introduction/序論で展開した問題意識や研究の必然性，未解決の課題などに対応させることで，理解しやすい，納得しやすいストーリーを構成することができる．

解釈した上で，その解釈が妥当であることを示す議論を行う．研究結果の内的妥当性[*13]を示すということである．とくに「いい結果」「画期的な結果」が得られた場合には，それを確実なものにするために，かなり徹底的・多角的に検討してこの妥当性の高さを示すことが多い．

4) **他の解釈の否定や論破**

結果に対する可能な他の解釈を提示した上で，それを論理的に否定する．これも，自分の解釈の妥当性を高めるもうひとつの方法である．他の解釈は 1 つとは限らず，2 つ 3 つと提示し，それぞれを論破していくこともある．

[*13] 内的妥当性とは，その実験結果が実験的操作によって生じた程度のこと．研究がどのくらいうまくできているかを意味する．

5) **既存の知見・理論・モデルとの比較や関連付け**

　ストーリーを広げていく．先行研究の知見や既存の理論・モデルとの関係を議論していく．既存の知見・理論やモデルと一致していることや矛盾していないこと，あるいは一致しないということを示す．ここで扱われる一致している，矛盾していない先行研究，既存の理論・モデルはすべてintroduction/序論で紹介されていることが必要である．

　一致しない場合には，その理由を議論することが必要になるが，一致しない理由を説明するために紹介や引用される知見・モデルや研究に関しては，introduction/序論で紹介されていないこともありうるだろう．とくに，意外な結果が得られて，その理由をかなり離れた知見やモデルで説明した場合に，序論でそれを予測したような記述，議論を行うことは不自然で，論文全体のストーリーに問題を起こすことがありうる．もちろん，自然なストーリー/論理展開でそうした知見やモデルを紹介できればいいが，そうでなければdiscussionで初めて導入するのが自然である．

6) **結果の示唆する研究的（理論的あるいは方法論的）貢献**

　研究領域に対する，本研究の結果の理論的な貢献について示す．新しい知見は何か，どんな前進があったかなどを記述する．新しい仮説やモデル，理論などの形で提示することもありうる．また本研究で用いた新しい研究法，実験法，questionnaire/質問紙の利点などを方法論的貢献として叙述することもある．

7) **結果の示唆する社会・実務的貢献**

　いわゆる応用的な領域[*14]では，結果の示唆する社会への貢献や，実務に対する提案などを行うことが多い．とくに，問題解決指向の研究においては，この部分はもっとも大切な内容になる．

　また質的研究のように，実験計画や実験デザインあるいは数量的分析ではなく，実際場面における効果や有効性によって結果や解釈の妥当性を高めるような研究では，この内容はとくに重要で，詳細・具体的な記述で分量も多くなるだろう．

[*14] 社会心理学，教育心理学，臨床心理学，産業心理学，犯罪心理学，環境心理学などのこと．こうした応用といわれる領域でも「応用研究」だけを行っているわけではないが，研究に現実の問題やその問題解決が視野に入っている傾向は強い．

6.8 discussion/考察

8) **研究の限界と問題点**

研究結果をどこまで広げて一般化できるかの limitation/限界や，どんな条件で成立するのかに関しての制約の可能性を議論する．たとえば，研究参加者が学生であれば，年齢・社会経験・能力の点から成人一般とは違う結果が得られている可能性があるので，そうした点を指摘する．また文化や時期に固有の結果ということもありうるので，そうした可能性があれば指摘する．論文のための研究で使用した，変数，要因や実験の手続き・条件や刺激，質問項目などに，結果の一般化を制約する要素があればそれも指摘する．つまり結果の外的妥当性*15の程度，範囲を示すことである．

仮説を支持できなかった場合や期待される結果が得られなかった場合には，その原因について議論することが必要になり，その場合には考察のほとんど（ここの順番で言えば2)以降）はその議論に費やされることになるだろう．期待される結果が得られなかった原因が根本的に研究法そのものの過失や不備であった場合には論文自体の価値が低いので，投稿するかどうかそのものを検討する必要がある．この点に関しては後に「10.1 revision/書き直しの心構え」の中でもう一度説明する．

9) **今後どんな研究が必要とされるか**

研究の限界と問題点の記述を受けて，そうした限界や問題点を解決するための研究計画，future research/将来（今後）の研究を提案する．

10) **結論**

conclusion/結論という章を設ける場合もあるが，章を設けない場合でも discussion の最後は，結果とその意義の要約で締めくくられることが多い．後述する「6.8.3 結果を繰り返す際の注意」で説明するように凝縮した結果と意義を記載し，数行から数十行程度の1パラグラフであることが普通である．

すべての論文で，discussion/考察にこれらの内容の全部を書くわけではないが，書くべき内容に関しては，ほぼここに書かれた順番に従って書いていく．論文全体のストーリーをまとめていくことを意識する．research question/

---

*15 外的妥当性とは，実験結果を一般化できる程度のこと．結果がどのくらい，研究法や実験条件に限定されないかの程度を意味する．

リサーチクエスチョンがある場合には，それを意識して全体をまとめていくことも大切である．具体的な結果から，もう少し抽象的で，一般的にその結果が示唆する意味を示し，そうした意味がさらに他の知見とどう結びついて領域に貢献できるかという大きな話にまとめていく．具体的な結果は効果や差あるいは関係性において完全であることはほとんどなく，多くの場合が限定的なものであるだろうが，そうした不完全な結果でも，それが持つ意義を示唆するようにして議論を進めていく．いいことも悪いこともある結果のいい面に注目して話をするということになるわけだが，それが論文作法というものである．研究成果に意義があるからこそ論文にする意味があるのだ．しかし，それでも言えること，主張していいことというのは限られているので，言いすぎをしないことが大切である．

　誰しも自分の研究はかわいいもので，重要な成果がたくさん生まれ，多くの示唆と貢献をもたらすと考えたいものである．しかし，論文にする際には，あくまでも本当に，確実に言えることだけを書くべきである．1つの論文では，1つの成果が挙がればいいと思おう．多くのことを言いたければたくさんの論文を書けばいい．言いすぎは reviewer/査読者にもいい印象を与えない．一番の成果は，論文が accept/採用されることであり，それを何より優先しよう．

6.8.2　成果をディフェンスする

　discussion/考察の中の「解釈の妥当性を示す議論」や「他の解釈の否定や論破」は，最初の投稿原稿において書かれることもあるが，reviewer/査読者の指摘に応えて，再投稿時の原稿で書き足されることも多い．

　北米での博士論文の最終口頭試問は defence/ディフェンスとよばれているが，この言葉が示しているように，論文というものは，疑義や批判に対して十分に，理論的に補足，反論できて初めて認められるということである．多くの場合，こうした疑義や批判を論文全体の価値に対する否定として受け止めてはいけない．とくに reviewer/査読者があなたという人間あるいは研究者を否定していると感情的に受け止めてはいけない．こうした指摘は，論文の価値を高めるための手段のひとつであり，すでにある程度の答えを想定した上で，答えることができることを期待して行われることすら多い．こうした指摘をすることは，reviewer/査読者の感じている査読における義務のひとつなのである．そう理解

して，むしろ積極的な気分で成果をディフェンスしよう．

　こうした他者，とくに優れた他の専門家の視点を取り入れた上で，研究結果に対する「解釈の妥当性を示す議論」や「他の解釈の否定や論破」をすることで論文は「強いもの」になっていく．投稿論文とはreviewer/査読者との共著のようなものだが，それは必ずしも悪い意味ではなく，自分では気が付かなかった点を改善し強化していく過程だと捉えよう．

6.8.3　結果を繰り返す際の注意

　すでに「2.15 同じ内容は繰り返されるたびに凝縮される」で説明したように，同じ内容は繰り返されるごとに凝縮されていくようにすることが必要である．とくにdiscussion/考察ではresults/方法で記述した研究の結果を繰り返して記載することが多くあるが，その際に同じ文章を繰り返すことは避ける必要がある．

　resultsにおいて最初に結果を記載する際には，よい結果，悪い結果を含めたすべての結果を必要なだけ十分詳細に記載することが必要である．これは，著者にとって不利益な情報であってもすべて提示するという観点からも必要なことである．しかし，discussionにおいて（1）同じ文章を繰り返し読ませることを避ける，（2）「ようするに」という気持ちで，重要なことだけを伝える，ために同じ内容でも抽象化した形に要約することが必要である．

　しかし，この凝縮の際に，要約をすることは必要だが，過度に著者に有利な方向に結果を一般化することもしてはならない．つまり，3つの実験のうちで1つ，あるいは複数の従属変数のうちのごく一部だけに仮説を支持する有意な効果が見られたが，それ以外は仮説を支持しない結果になった場合に，"results support the hypothesis"（仮説は支持された）"results showed the effect of A on B"（効果はあった）のような書き方をしてしまうのは凝縮ではなく，歪曲・曲解と思われかねない．この場合には，読者やreviewer/査読者の納得は得られないだろう．

　研究活動というものは，研究者同士の競争という一面があるので，reviewer/査読者も含め読者は研究上のライバルでもある．この成果を挙げていく競争において，不当な利益を得る行為にはライバルは敏感であり，反感や不信感を招くことになりかねない．とくにreviewer/査読者にこうした反応をされないた

めにも，結果を有利な方向に一般化することは避ける必要がある．

つまり結果を要約，凝縮するということは，過度に一般化することではなく，詳細や具体的な記述ではなく，全体としてどんな結果であったかを示すことである．つまり特定の条件のみの結果やある変数のみの結果であれば，限定的な結果であるということがわかるように記載することが必ず必要である．

限定的な結果を示す表現としては次のような方法が考えられる．

- may・might あるいは can・could のような，確実な事実ではなくあくまでも可能性を示唆する助動詞を用いる
- under certain conditions（ある条件では），to a certain degree（ある程度）などの限定的であることを示す句を用いる
- at least（少なくとも）という句などを用いて，すべての場合で効果がないわけではなく，少なくとも効果が見られる場合があるというような部分的な肯定の表現をする
- かなりの部分が肯定的な結果であり，否定的な（肯定的ではない）結果が少ししかない場合には，most results（ほとんどの結果は），mostly agree with・support（ほぼ一致する・支持する）のような表現をする

ようするに心理学の研究では，すべてが完全に仮説どおりの結果が得られないことはよくあることだが，その場合に初出時以降も延々と不完全な結果であることを詳しく言い連ねる必要はなく，そうしていてはいつまでも研究から何が言えるのか，何が重要なのかがよく伝わらないが，不完全な結果を完璧な結果のように言い換えてしまう，言い切ってしまうことも不当であるということである．そのバランスをうまくとりながら results/結果から discussion/考察のストーリーを展開していくことが必要である．繰り返しになるが，結果から言えることの範囲を見極め，言えることはわかりやすい表現で確実に伝え，言えないことは言わないということが discussion に一番必要であるということである．

6.8.4　discussion を書くときのもうひとつの視点

discussion/考察を書くときのもうひとつの視点は，「discussion とは results/結果で示された数値を言葉に変えて，その重要性を示すことである」と考えることである．理科系の研究であれば，数値はその意味を自明に示すので，重要性

は数値自体が語ってくれることが多いが，心理学の結果は示す数値がデータの性質を示す数値にせよ統計量にせよ，その意味を自明に示すとは言いにくいことが多い．あるいは，数値が示していること自体は自明だとしても，その意味，つまり差があることや関係があることが何を意味しているかが自明ではない．

つまり，introduction/序論において「言葉」として示されたその研究を行う意義は，客観的な検討をするための実験や調査という方法に変換され，その方法から数量的・客観的な results が得られる．discussion はこうした数量的，あるいは客観的な results を，再び「言葉」に戻す作業である．そして，その「言葉」は読者を説得しなければいけない．この視点から見れば，discussion で書かれる内容は言葉による解釈であり，また言葉によってその解釈の妥当性を説得するためにあると考えられる．

6.9　notes/注釈

notes とは注釈のことである．注釈は置く場所によりいくつかの形式があるが，論文に使用されることが多いのは footnotes/脚注と endnotes/後注である．脚注とは，本書で使用している注釈の方式で，各ページの下部に注記（注の内容）を記載する方法である．後注は，論文の本文の後ろ（discussion の後，references の前）にまとめて注記を記載する方法である．しかし，後注を採用している場合でも，表紙ページにだけは脚注（著者注）が付くことが多い．後注を用いている場合の表紙ページの脚注には corresponding author（連絡先）の情報として，e-mail のアドレスが掲載されることが多いようである．APA スタイル（American Psychological Association, 2010）では，所属や研究を支援してくれた研究費・研究助成金の情報もこの著者注に記載する．ジャーナルによってこの辺の形式はいろいろなので，それは投稿先の形式に従う．

notes/注釈，とくに脚注には引用文献の書誌情報を掲載する場合もあるが，ここでは引用に関しては下記の APA の方式（「6.10 references/引用文献」参照）を基準とすることとし，引用文献は注釈にではなく，references/引用文献に記載することとする．

したがって，notes に記載することは，本文の内容を補足する説明や情報ということになる．notes に何を載せるべきかに決まりごとはないが，以下にい

くつか notes に書くべきこと，本文ではなく notes に書いたほうがいいことなどを挙げてみたい．

- 脚注形式を用いる場合には，notes/注にはあくまでも，絶対不可欠な情報だけを最小限に示す．脚注形式ならば，以下で指摘した内容は notes ではなく appendix/付録（詳しくは「6.12 appendix/付録」参照）に書いたほうがいいだろう．後注方式で notes の章を設ける場合には，本文の内容に直接関係する補足は appendix よりも notes の章に記載することが多い．
- 本文のストーリーから逸脱する，わき道にそれる内容は notes や appendix に書いたほうがいい．「2.4 お話は一本道に」で説明したように，英語の論文は１つのストーリーをひたすら進んでいくことが望ましい．したがって，そのストーリーからそれるけれども記載したほうがいい説明や情報は notes に持っていったほうがいい．この際の，「記載したほうがいい説明や情報」とは，建前的には読者にとって有益な内容ということになるのだろうが，現実的には reviewer/査読者に対して「ちゃんと知っています，調べています」ということを示すことが必要な内容を記載することも多い．

しかし，notes/注釈に論文の内容やストーリーとはほとんど関係のないことやあまりにも長く複雑な議論を記してはいけない．関係の低い情報は読者の注意を散漫にし，論文のストーリー展開を追うことを邪魔するし，長く複雑な説明が必要な本質的で重要な議論は本文に組み込めるように，論文のストーリーを構成すべきである．

6.10　references/引用文献

まず，当たり前のことを確認するが，学術論文の references は引用文献であり，参考文献ではない[*16]．引用文献とは，論文の本文中で引用や参照した文献・資料の書誌情報である．参考文献は，本文中で引用や参照したかどうかにかかわらず，文章の作成において資料や参考にした文献を示すものである．引用文献は，引用された文献の著者の権利を守るため，あるいは剽窃行為になら

[*16] ただし，参考文献という用語の使い方には，いろいろな混乱があるので注意が必要である．引用文献を意味している参考文献という用語の使い方も多く見かける．

ないために本文中の出典の指示とともに必ず記載しなければならない約束事である．参考文献は，多くの場合，文献の著者への敬意と感謝を示す行為であり，あるいは，本文中に既存の文献と類似箇所があった場合に，その類似を自ら緩やかに認めておくことで，盗用に対する批判や罰則を受けないようにしておく保険のようなものである．

referencesのスタイルは，ジャーナルごとに本文中の引用と出典の記載の方法の厳密なルールがあるので，それに従うことが必要である．多くの引用方法の中でも，心理学とその周辺領域ではAPA (American Psychological Association) のスタイルを採用していることが多い．APAの引用スタイルとは，本文の一部として文献を紹介する場合にはHanyu (2002) のように，著者姓（刊行年）を示し，引用する文献・出典が文の一部になっていない場合には (Hanyu, 2000) のように，（著者姓, 刊行年）を示す方式である．理工系で使用されることが多い，本文中には引用された文献に対応する通し番号だけが示される形式と大別される形式である．

APAスタイルでは，具体的には次のようになる（文は架空例）．

- 引用する文献・出典が文の一部になっている場合

    "Hanyu(2002) suggested that affective responses should be related to the quality of environments."

- 引用する文献・出典そのものを文の一部ではなく，別に示している場合

    "Research suggests that affective responses should be related to the quality of environments (Hanyu, 2000)."

引用の方法は，論文，書籍，書籍の中の章など，引用の対象ごとに形式があるため，具体的なAPAスタイルでの引用方法については，APAのジャーナルに掲載されている論文を参考にしたり，詳しいことに関してはAPAの論文作成マニュアル (American Psychological Association, 2010; アメリカ心理学会, 2011) を調べることが必要である．なお引用方法は年々改訂されているので，最新の方式に従うようにする．

とくに，複数の著者がいる場合の引用方法には注意が必要である．基本的には，初めてその論文・著作の引用を行う場合には著者は全員を記載し[*17]，2度

[*17] 初出時は全著者の名前を記載することが基本であるが，多すぎる場合には，初出時から "et al." を使うこともある．何人以上が「多すぎる」かは，ジャーナルごとに違うようだが，APAスタ

目以降は，2人の場合にはそのままその2人の名前を示すが，3人以上の場合には the first author/第一著者名だけを示し，2人目以降は et al./等と表記する．具体的には次のようになる．

- 2人の場合：初出時（Nasar & Hanyu, 2002）→ 2回目以降（Nasar & Hanyu, 2002）
- 3人以上の場合：初出時（Stamps, Nasar, & Hanyu, 2007）→ 2回目以降（Stamps et al., 2007）

et al. は and others の意味であるので，著者が2人のときに使わないように注意する．これはしばしば見かける間違いである．また APA スタイルでは et al. をイタリックにはしないが，イタリックにするジャーナルもあるので，投稿先のジャーナルに合わせて判断する．

引用を行う際の方法には，以下の優先順位がある．可能な限り優先順位の「高い」引用方法を用いることを心がける．

1) 著者（あなた）の書いた文で既存のアイデアや知見を示し，アイデアや知見の原著者名（＋刊行年）を引用の形式に従い記載する．

2) 既存のアイデアや知見を示した元の文の必要部分を，内容を変えずに「書き換え，言い換え[*18]」をした上で，引用の形式に従った原著者名（＋刊行年）とともに本文中に示す．

3) 既存のアイデアや知見を示した文の必要部分を「原文のまま」引用符（" "）で囲み，本文中に示す．この場合には，本文中の引用として，原著者名（＋刊行年）とともに原著中での該当ページを示すことも必要である．たとえば，(Hanyu, 2002, p.9) とする．

4) 既存のアイデアや知見を示したかなりの量[*19]の文章を「原文のまま」本文中に示す．この場合には，左（あるいは左右）のインデント（余白）を地の文章よりも大きくする，フォントサイズを小さくする，フォントの種類を変えるなど，その部分が引用であることが明確になるような処理を施す．

　　イル（アメリカ心理学会, 2011, p.189）では6人以上である．
[*18]　内容を変えずに，文を書き換え，言い換えることをパラフレーズという．
[*19]　APA スタイル（アメリカ心理学会, 2011, p.183）では，「40 words/語を超えた場合」とある．

また，論文末の references のセクションにだけではなく，引用として原文が掲載された箇所にも，著者名，刊行年に加えて，タイトルや場合によっては，出版社などのその他の書誌情報を掲載することがふさわしい場合もある．

なお，かなりの量の原文そのままの引用は，印刷時に A4 サイズ（US Letter サイズ[20]）であれば 6 分の 1，B5 サイズ（US Executive サイズ[21]）であれば 4 分の 1 ページを超えない程度までが限界である．実際には，もう少し短いところまでにとどめたほうが無難である．それ以上の原文の掲載は，著作権者（著者と出版社）からの許可を求める必要がある[22]．心理学の論文で，原文そのままの長い引用が絶対に必要なことは少ないので，できるだけその他の方法で引用をしたほうがいいし，どうしてもという場合でもできる限り短くしたほうがいいということである．

この優先順位が示していることは，引用が必要な場合であっても，できる限り原著者のオリジナルな表現をそのまま借用しない，あるいは対価を払わずに知的創造物を使用しないということである．

なお，最近は DOI（Digital Object Identifier）と言われる書誌情報を references に要求する学術誌が増えている．DOI とは著作物が持つインターネット上の識別子である．今後さらに普及する可能性があるので，機会があったら少なくとも自分の論文の DOI は調べておくといいだろう．

6.10.1　日本語文献・論文の引用

個人的な見解に過ぎないが，絶対に必要な情報が載っている場合以外には，わたしは基本的に日本語の文献を英語の論文の中で引用はしない．自分自身の論文であっても同じである．理由は，(1) 読者や reviewer/査読者に読めない

---

[20] 日本とアメリカでは標準的な紙のサイズが異なる．Letter（215.9 × 279.4 mm; 8.5 × 11 inch）は A4（210 × 297 mm）に対応するサイズだが，縦がやや短く，幅がやや広い．

[21] B5（182 × 257 mm）と Executive（184.2 × 266.7 mm; 7.25 × 10.5 inch）が対応するが，Executive が全体にやや大きい．

[22] 木下（1981）は日本語の理科系の公的文書としては (1) 400 字以内，(2) 自分の文章全体の 2 割以内を著作権者の許諾なし（むろん出典の引用は必要）で，原文をそのまま引用できる限界としている．A4 ページには 2500 字程度まで印刷できるので，400 文字は 6.25 分の 1 となる．

文献を紹介してもあまり意味がない[*23]．(2) 海外の学会では日本語の論文に関する情報は知られていないので，重要な引用が抜けていると判断されることはほとんどないからである[*24]．したがって，官庁統計，報告書などの基礎的な統計情報・計測値以外には引用が必要な情報は少ない．もちろん，日本固有の問題に関して海外に発信するという論文を書くのであれば事情は異なり，ある程度の数の日本語の文献も引用することになると思われるが，読めないという問題に変わりはない．問題を海外の文献や知見の文脈の中で相対化し，日本語の文献ばかりを引用するということはなるべく避けたい．

6.11　acknowledgements/謝辞

　論文における acknowledgements とは謝辞のことである．その論文の連名には含まなかったが，研究に対して貢献があった者や論文の作成に対して貢献や助言を与えてくれた者に対して，名前を挙げ感謝の意を示す．また，研究費，とくに大学・機関外部から競争的に獲得した助成金（たとえば科学研究費補助金）の中には，論文にその研究費を使用したことを記載することを要求している場合もあるので，忘れずに記載しよう[*25]．こうした謝辞は，人間関係を示唆してしまうことから，匿名での審査をするジャーナルに投稿する場合には，掲載がほぼ決定した最終稿にのみ記載し，それ以前には載せないという作法もあるようだが，実際には気にしなくてもいいようである．

[*23] 興味を感じたとしても原典にあたることができないというのは，欲求不満を感じさせることになりかねない．また，読めない文献に対しては，論文中の記述に疑問があっても原典を確認することができないので，「著者を信用してください」ということになる．とくに reviewer/査読者は，こうした状況を嫌う．

[*24] これは日本語で書かれた論文の価値や重要性とは関係がない議論である．言うまでもなく日本語の論文には価値や重要性の高いものがたくさんある．また，日本語で論文を書くことの価値とも無関係である．英語で書くことで，海外にも情報を発信し，国際的な認知度や評価が得られるということはあるが，一方で，英語で書かれた論文に対する日本国内での波及度や反響は非常に小さい．国内に対する情報の発信には，やはり日本語の論文が必要である．

[*25] APA 形式（American Psychological Association, 2010）では，研究費・助成金に対する acknowledgements/謝辞と研究への本質的な貢献に対する謝辞は，最初のタイトルページの著者注に記載する．こうした形式に関しては，投稿先のジャーナルの投稿規定に従うこと．

6.12　appendix/付録

　appendixとは付録（補遺・資料）のことである．複数ある場合にはまとめて，Appendicesとはせず，それぞれに対してAppendix A, Appendix B, Appendix C ... のように別々の表題を付けることが多い．

　appendixには大きすぎる図版，解釈をしないが参考までに掲載したい情報や数表などを掲載する．

　たとえば：

- 一般的な読者にとっては必ずしも必要ではないが，研究を再現するためには必要な，「詳しすぎる」情報をnotesやappendixに掲載する．たとえば，分析の際のデータの配列法，データの数値変換法の具体的な数式，ある分析ソフトにおいて使用した分析法やオプションの名称あるいはプログラム（プロシージャ・スクリプト）そのものなどは，結果を知りたいだけの読者には不要な情報であり，本文中にあると煩雑と感じさせるが，研究の再現には必要となるのでnotesやappendixに記載しておくことが望ましい．
- 補足的な統計分析の結果はappendixあるいはnotesに記載しておく．results/結果とdiscussion/考察のストーリーには直接関係がないが，読者やreviewer/査読者に指摘される可能性がある分析を，あらかじめ実施しその結果をnotesに記載しておくことは論文を強くする方法のひとつである．とくに，同じデータに対して，異なる形式や方法で分析を行える可能性がある場合に，1つの分析結果を本文に掲載し，別の分析結果をあくまでも参考としてappendixやnotesに掲載することは，多重検定の問題[*26]を回避するためにも望ましい．
- その他にも，言語や視覚・写真刺激の一覧，使用したquestionnaire/質問紙の現物，研究対象者の詳しい人口統計的情報，実験機材の詳細な説明や写真などをappendixに記載する．

[*26]　検定を繰り返すことにより，検定結果全体に対する結論の有意水準が，個々の分析の有意水準よりも大きくなってしまう問題．

Chapter 7
論文の構造分析

7.1 論文の構造分析の薦めと方法

　自分の研究に近い論文に関して内容の性質の分類と分析を行ってみることが，英語論文作成の技術の向上につながる．英語の論文を読む機会は多いと思うが，別の読み方をしてみるということである．書かれている内容を理解するのではなく，論文の構造，文章の構成という視点から論文を読んでみる，というよりも分析をしてみることで，論文の構成に関する具体的な感覚が得られ，論文のストーリーを組み立てる際の指針となる．分類のカテゴリーなども自分の考えにあわせて工夫すると，より効果が上がるだろう．

　すでに指摘したように，introduction/序論は，日本語と英語の心理学論文でもっとも異なる部分である．その違いを実感してもらい，英語での書き方を体得してもらうために introduction/序論やそれを受けた discussion/考察について構造分析を行った例を挙げるが，その前に本書で行った分析の手順を説明しておこう．

1) 印刷・コピーした論文を用意する．パラグラフごとに色のついたボールペンなどで区別しやすい形に囲い，それぞれのパラグラフに通し番号を付ける．英語の論文はパラグラフ単位で構成されているので，この方法でほぼ適当な分析単位が得られるが，まれに1つのパラグラフに2つ以上の内容が含まれていることがあるので，その場合には1つのパラグラフを2つ以上の分析単位に分割することを検討する．
2) パラグラフ・分析単位ごとの内容の性質や構造を数語，あるいは数文で要約し，ノートあるいは論文中の余白などに書きとめる．たとえば「研究結果のまとめ」「先行研究との整合性の検討」「他の解釈の指摘とその論駁 →

結果の解釈の強化」「方法論的な貢献」などのように書く．
3) それぞれの内容の性質や構造を分類カテゴリーに当てはめ，整理したリストを作成する．このリストを眺めて，introduction や discussion の構造を理解する．分析カテゴリーは本書で示したものを使用してもいいし，何度かこの作業を繰り返したのちに，自身の専門領域の論文においては不適切や不十分なことがあれば，その専門領域の論文の特徴に合わせて自分で修正，変更すればいい．この修正や変更の作業も確実に論文作成能力の向上に役に立つ．
4) この本では読者の理解を助けるために，論文・研究の内容そのものについても，必要最小限に記載しているが，自分自身で行う場合にはその部分は必ずしも必要ではないと思われる．

こうして，部分部分の内容を局所的に読んでいくのではなく，文章全体を俯瞰的に眺めることにより，展開や構造の理解が深まる．とくに，どんな内容がどんな順番で書かれるのか，どのくらいの量・行数で書くべきか，に関しての具体的な感覚がつかめるだろう．

またここで示した分析例をただ眺めるのではなく，分析した論文を手元において自分自身で内容と構造を確認するとより理解が深まる．

しかし，こうした作業は論文作成能力向上のために行うのであり，この作業そのものが目的にならないようにしよう．他の研究時間を削って，完璧にこの作業をしていては本末転倒である．必要最低限の詳しさや精度で，自分で判別できる最低限の丁寧さで行えば十分である．

7.2　introduction 実例分析

7.2.1　分　析　対　象

なるべく幅広い例を示すために，いろいろな領域のジャーナルを5つ選び，それらから比較的最近の，そして著者がネイティブだと思われる論文を6本選んだ．選ばれたジャーナルとそれぞれの 2011 年の rejection rate／論文不採用率[*1]は以下の通りである．ついでに 2013 年 3 月現在，各ジャーナルが自身の

---

　*1　1)〜4) の不採用率は American Psychological Association (2012). Summary Report

> ─ *Column* ……インパクトファクター (IF) について ─
>
> インパクトファクター (IF) とはジャーナルに掲載された論文の公刊後 2 年目と 3 年目の被引用数の平均値を反映する指標である．そのため，多くの研究者が同じ方向を向いている，研究に明確な先端がある理工系，とくに生命科学・医学系であれば 2 ケタの IF は珍しくないが，各自がばらばらの活動をしている人文社会系研究のジャーナルでは低めで，とくに心理学系ジャーナルの IF は低い．Amin and Mabe (2000) によれば，1998 年現在の社会科学系のジャーナルの IF の平均値は 0.75 以下である．したがって，心理学の世界では IF2.0 は「よく引用される」「世界的な情報発信力がある」ジャーナルの目安と判断していいと思う．ちなみに，2013 年 3 月現在の *Japanese Psychological Research* の IF は 0.327 である．

HP で示しているインパクトファクター (IF) も示しておく．

1) *Journal of Experimental Psychology*: *Learning, Memory, and Cognition*, 77% (IF=2.854)
2) *Journal of Experimental Psychology*: *Human Perception and Performance*, 74% (IF=3.061)
3) *Journal of Personality and Social Psychology*, 85% (IF=5.076)
4) *Journal of Experimental Psychology*: *General*, 85% (IF=3.986)
5) *Journal of Environmental Psychology*, 不明 (IF=2.400)

いずれも不採用率は 70% 以上であり，掲載された論文は高い基準にかなったものであると判断できるだろう．また，すべて IF も 2.0 を超えており，よく知られたジャーナルであることがわかる（コラム「インパクトファクター (IF) について」参照）．

分析においてはまず，各論文を独立した内容・主題（トピック）に分解した．基本的にはパラグラフごとに分解されるが，1 つのパラグラフに複数の内容・主題（トピック）が含まれている場合には，別の内容・主題（トピック）とみなし，分割した．

次に，それぞれの内容・主題（トピック）を次頁のカテゴリーで分類した．

7.2.2 introduction の構造分析の分類カテゴリー

分類カテゴリーは客観的内容のカテゴリーと主観的内容のカテゴリーに大別

---

of Journal Operation, 2011. *American Psychologist*, 67, 410–411. による．

される．客観的内容のカテゴリーには主に既存の知見と他者の考えである「事実や知識」が含まれる．主観的内容カテゴリーには，著者の考えである「意見や解釈」が主に含まれる．それぞれのカテゴリーをさらに，内容の性質に従って細分化したカテゴリーを設けたものを下に示す．［　］内は，分析例内で使用される該当カテゴリーを示す記号である．［客：］は客観，［主：］は主観の略記である．［客：肯例］の肯例は肯定例，［客：反例］の反例は反対例の略記である．

1) 客観的内容カテゴリー：　事実・知識（既存の知見・他者の考え）
   (a) ［客：事実］事実の提示

   　　事実や情報，あるいは研究にとどまらない幅広い著作物や発言などの叙述が含まれる．
   (b) ［客：理論］理論・定義・モデル・思想の説明

   　　すでに他人によって公表・提示されている理論・定義・モデル・思想の紹介や説明である．自分自身の考えや意見であっても，すでに別の場所に発表・公刊されている場合にはここに含まれる．
   (c) ［客：肯例］支持・肯定する知見・既存研究の例示

   　　そこまでのストーリーを支持する，あるいは一致する既存研究や先行研究結果の引用である．
   (d) ［客：反例］反対の知見・既存研究の例示

   　　そこまでのストーリーとは一致しない，あるいは反する先行研究や既存研究の引用である．この後で，この不一致や矛盾を理解や解消するための説明が行われる弁証法的な展開がなされる．

2) 主観的内容カテゴリー：　意見・解釈（著者の考え）
   (e) ［主：指摘］指摘・示唆

   　　著者による問題点，仮説などの提示が含まれる．
   (f) ［主：説明］説明・宣言

   　　著者自身が考える説明や目的・研究方針などの宣言が含まれる．
   (g) ［主：展開］展開・導出

   　　ある状態や前提から，著者が理論的必然性に基づいて展開し，導き出した説明や結果が含まれる．多くの場合演繹的な議論として展開さ

(h) ［主：解釈］解釈・整理

　　ある情報や結果の中から，著者が洞察し，解釈した，理由やメカニズムなどが含まれる．あるいは，多くの情報の中に見出した秩序や要因・次元を整理することも当てはまる．すべてではないが，帰納的な議論になることが多い．

こうした分類は完全に独立したものでも排他的なものでもない．実際には主観的と客観的な記述という点だけでも，完全にはどちらとも言えないことが多く，また，細分類に関しても複数の要素が当てはまる内容・トピックは多い．したがって，ここでのカテゴリーとはあくまでも構造の理解を進めるための便宜的なものである．

7.2.3　分析例における表記・記号の説明

　以下に6つのintroduction/序論の構造分析の例を示す．いわゆる基礎系，実験系の研究から応用系，調査系の研究へと並べてある．

　分解された内容・トピックの順番に通し番号が振られている．通し番号の後ろには，該当する分類カテゴリーを示す記号が示されている．複数該当する場合は，複数の記号が示されている．その次に，内容・トピックの説明が記述され，そこで使用された引用の回数が[ref:]の中に示されている．refはreference引用の略記である．引用回数はのべ回数なので，同じ文献が複数回引用されていることもある．いくつの文献を参考にしたかではなく，どのくらい何回引用を用いたかの指標である．

7.2.4　分　　析　　例

［例1］単純な構造の典型的introductionの例

> **No role for motor affordances in visual working memory**
> 〈視覚的ワーキングメモリーの中に運動系的アフォーダンスの役割はない〉
> Pecher, D. (2012). *Journal of Experimental Psychology: Learning, Memory, and Cognition, 39*, 2–13. DOI: 10.1037/a0028642

　認知心理学の研究で，とくにワーキングメモリーに関する研究である．

1）［客：理論］［客：肯例］　working memoryの定義と説明："People's ability to keep information active in their mind is commonly referred to as *working memory* or *short term memory*."（心の中で活性化されている情報を保持する人間の能力は「ワーキングメモリー」あるいは「短期記憶」とよばれる．）[ref: 5]

2) [客：理論][客：肯例]　この認知モデルが知覚 – 運動系の基盤になっており，筋運動における中心的な役割を果たしているという記述．[ref: 25]

3) [客：理論][客：肯例]　音韻ループが言語材料による動作模倣（motor simulation）のメカニズムを担い，位置情報は視空間下位システムで処理されるという説明．[ref: 9]

4) [客：理論][客：反例]　上の主張と反するモデルの紹介．運動系の反応はワーキングメモリーの一部ではないというモデルの紹介．[ref: 2]

5) [客：理論][客：反例][主：解釈]　ワーキングメモリーに関する他の研究者の別の主張．ワーキングメモリーは独立したシステムではなく，長期記憶の活動の結果であるとみなす立場．しかし，この立場は動作模倣がワーキングメモリーの一部であることとは矛盾しないという説明．[ref: 2]

6) [客：理論][客：肯例][主：指摘]　動き（movement）はワーキングメモリーに保持されることがあり，非空間的運動系の影響を受けうるという主張．[ref: 8]

7) [主：展開]　動きに関するワーキングメモリーは視空間スケッチパッドの処理を受けず，運動系システム（motor system）との関係が深いという主張．[ref: 0]

8) [客：理論][客：肯例][主：展開]　近年の脳イメージング研究が示す，ワーキングメモリーにおける視覚情報の保持における運動系システムのさらなる役割の紹介．動かせないモノをイメージしたときよりも動かせるモノをイメージしたときのほうが運動前野腹側が活動する．この知見は動作模倣がモノに関する視覚的ワーキングメモリーと関係することを支持しているという主張．[ref: 4]

9) [主：指摘]　上のイメージング研究の結果とすでに紹介した意味記憶研究の結果の一致の指摘．この一致した知見の妥当性を高めるために，本研究ではより直接的に干渉課題を用いて視覚的ワーキングメモリーにおける動作模倣の役割を検討したという宣言．[ref: 0]

10) ［主：説明］［客：肯例］　なぜ干渉課題を用いるかの説明．干渉課題が同時に遂行されるワーキングメモリーのパフォーマンスに与える影響から干渉課題に要求されるシステムのワーキングメモリーへの影響を検討できること．［ref: 9］
11) ［主：説明］［客：肯例］　この研究の実験方法の記述．直接の先行研究からの変更点と変更の理由．［ref: 2］
12) ［主：展開］　ここまで紹介したモデル「運動系システムがワーキングメモリーに影響を与える」から予測される実験結果の提示．［ref: 0］

【構造分析】
- この例は，もっとも単純で明確な構造（ストーリー）の introduction/序論の形式のひとつである．本論文の研究領域であるワーキングメモリーの定義・紹介から始まり，具体的な研究トピックに近づけていくようにして，運動系のシステムがワーキングメモリーの一部であるという説とそうではないという説を順番に，既存研究を示しながら紹介し説明していく．
- そして，この研究の仮説として「運動系システムがワーキングメモリーに影響を与える」を設定することを宣言したのちに，それを検証するための方法を提示する．最後に，この研究法が仮説を支持した場合に得られる結果を提示して終わる．
- 初めのうちは事実・知識（既存の知見・他者の考え）がほとんどであるが，だんだんと意見・解釈（著者の考え）の割合が増えてくる．最後のほうは，既存研究による例示を行いながらも，多くの部分が著者の意見・解釈になる．
- 典型的な一直線の広い道からだんだん狭い道に至る構造である．そして，2つの立場を示して，どちらが正しいのかを検討するという研究の必然性を素直に示しており，理解しやすく納得のいくストーリーを持っている．
- introduction は 2 ページで，全ページ数（12 ページ）の約 17%（1/6）の量である．introduction におけるのべ引用回数[*2]は 66 回である．

［例 2］仮説を説明するという目的を明確に果たした introduction の例
　| **Eye movement control in scene viewing and reading: Ev-**

[*2] のべ回数なので，同じ文献が複数引用されている場合を含む．

idence from the stimulus onset delay paradigm
〈景観視と読字における眼球運動の制御：刺激遅延提示パラダイムによる証拠〉
Luke, S. G., Nuthmann, A. & Henderson, J. M. (2013). *Journal of Experimental Psychology: Human Perception and Performance, 39*, 10–15. DOI: 10.1037/a0030392

知覚心理学における実験的研究である．

1) ［客：理論］　視覚・認知眼球タスク時の眼球運動であるサッケードと静止を繰り返すパターンの紹介と，この眼球運動におけるリーディング（reading）時と景観知覚時における共通性の存在の提示．[ref: 0]

2) ［主：解釈］［客：肯例］　この眼球運動におけるリーディング（reading）時と景観知覚時における相違点の提示．景観知覚では静止時間が長めになる．識字では文章のいろいろな変数が静止時間に影響する．眼球運動の統制においてタスク間に差があることの示唆．[ref: 10]

3) ［客：理論］　眼球運動の統制過程を検討する方法として刺激遅延提示（the stimulus onset delay：SOD）の紹介．サッケード時に刺激をマスキングすることで，課題の難易度を統制し，静止時間への影響を検討する実験パラダイム．マスキングによる刺激提示の遅延の長さがその後の静止時間を長くする場合と，影響しない場合がある．長くする場合には，静止時間が刺激の直接的な統制を受けることを示唆し，影響しない場合には刺激による統制がないことを示唆する，という説明．[ref: 4]

4) ［客：肯例］　SOD を用いてリーディングと景観知覚を検討した唯一の（本人たちによる）研究の紹介．刺激提示の遅延はリーディングと景観知覚における眼球の静止時間に同じ影響を与えるので，同じ統制がされていることを示しているということ．[ref: 1]

5) ［主：指摘］［客：肯例］　SOD を用いてリーディングと景観知覚を検討した研究の問題点の指摘．遅延（マスク）時間が長すぎる．現実の状況に近いより短い遅延を用いれば，リーディングと景観知覚における眼球の静止時間に違いが生じるかもしれない．[ref: 2]

6) ［主：説明］　仮説の提示：現実に近い短い遅延を用いても，リーディングと景観知覚における眼球の静止時間に違いはない．つまり，リーディングと景観知覚は同じ処理で行われている [ref: 0]．

【構造分析】

- 最後に書かれた仮説まで最短距離で到達する，シンプルで，明確な introduction/序論である．仮説を理解するために必要な情報のみを提示している．
- まず，テーマとなる現象と実験の課題が定義され，続いて，現象と課題が類似した既存研究で採用されてきた実験方法が説明される．その上で，その方法で行われた，今回の研究テーマの既存研究の問題点を指摘し，その問題を克服した実験を行うことを宣言する．そして，その方法で期待される結果を仮説として提示している．
- 前半は客観な情報を提示し，それを主観的に解釈するという形で展開し，後半は前半で提示された記述に基づき，基本的に著者の主観的な解釈や主張が展開される．
- このような典型的な基礎実験的研究では，文章を書き込むよりもむしろ，短く明確に結果を記述するほうが，重要性が伝わりやすくなることがある．しかし，introduction に必要な内容はこの短い中にすべて含まれていることをよく理解しよう．
- introduction は 1 ページで，全ページ数（6 ページ）の約 17%（1/6）の量[*3]である．introduction におけるのべ引用回数は 17 回である．

[例 3] 引用の多い introduction の例

> Deonthological and utilitarian inclinations in moral decision making: A process dissociation approach
> 〈倫理的意思決定における義務論的傾向と功利主義的傾向：過程分離法による検討〉
> Conway, P. & Gawronski, B. (2013). *Journal of Personality and Social Psychology, 104*, 216–235. DOI: 10.1037/a0031021

社会心理学における倫理的判断に関する研究である．

1) [客：知見] 引用文の提示．"As soon as men decided that all means are permitted to fight an evil, then their good becomes indistinguishable from the evil that they set out to destroy."（悪と闘うためにすべての手段が許されると人が判断するやいなや，かれらの善は，かれらが滅ぼそうと定めた悪と

[*3] 短いページ数の "OBSERVATION" というカテゴリーの論文である．

7.2 introduction 実例分析

区別がつかなくなる）— Christopher Dawson, Writer (1889–1970) [ref: 0]

2) ［客：知見］　引用文の提示 "Jack Bauer saved Los Angeles ... is any jury going to convict Jack Bauer? I don't think so."（ジャック・バウワー*4 が ロサンジェルスを救った．ジャック・バウワーに有罪を言い渡す陪審員がいるだ ろうか．私はいないと思う）— U.S.Supreme Court Justice Antonin Scalia (Freeze, 2007) [ref: 1]

3) ［主：説明］［客：肯例］　論文の主題の提示：「ジャック・バウワーが LA を 核攻撃しようとするテロリストに対して，子供を人質にとって爆弾の場所 を自白させた．LA を救うためにテロリストの子供を殺すことは倫理に許さ れるか？」ひとつの答えは，行為の倫理性は，行為の結果とは関係なく決 まる．どんな場合でも無実の人間を殺すことは許されない（義務論）．もう ひとつは，行為の倫理性は，行為の結果で判断される．犠牲者を最小限に するためには，無実の人間を殺すこともありうる（功利主義）．[ref: 4]

4) ［客：理論］［客：肯例］　義務論と功利主義に対する心理学的研究法として の，倫理的ジレンマ状態に対する反応に関する既存研究の紹介．「トラック が 5 人の人をひき殺すのを防ぐために，1 人の人を犠牲にする手段をとる かどうか」．[ref: 15]

5) ［主：指摘］　こうした典型的ジレンマ研究の問題点の指摘．一方を容認す ることが自動的にもう一方の否定になってしまう．しかし，この 2 つが同 時に容認，あるいは否定されることもありうるという指摘．[ref: 3]

6) ［主：解釈］［客：肯例］　この矛盾（一方の容認がもう一方の否定になるこ と）がもたらす 4 つの問題点の指摘．(1) 2 つが独立であったり，正の相関 があるかどうかが検討できない．(2) 2 つが本当に反対ならば，葛藤を起こ すことは理論的になくなる．(3) 実験的操作や他の変数がどちらの態度と 関係しているかがあいまいになる．(4) 義務論と功利主義を独立した態度 とみなす必然性が失われる．[ref: 2]

7) ［客：理論］［客：肯例］　上記の 4 つの問題を克服するための process dissociation アプローチの提案．PD アプローチの説明：PD アプローチとは「複

---

*4　ジャック・バウワーとは米国の TV ドラマ『24』に登場する対テロリスト・エージェントであ る．任務を持つ．有能であるが，任務遂行のために強引な手法をとり問題になることが多い．

数の反応を導く一致する状況への反応と，単一の反応を導く一致しない状況への反応を比較する」ことである．[ref: 1]
8) [主：説明] 本研究で PD アプローチを用いて，ジレンマ状況における倫理判断に対する義務論と功利主義の影響をそれぞれ検討するという宣言．[ref: 0]

【構造分析】
- この論文では，この後に "A dual-process model of judgement" "A conceptual problem for the dual-process model" "Process dissociation as a solution" "Over view of the current research" という節を設けて，ここまでの introduction の内容をさらに詳しく，introduction で全部で6ページにわたるまで再記述している．しかし，再記述の文章内容の構造はそっくり同じである．
- この introduction の冒頭で，introduction 全体の構造をあらかじめ示してしまい，その後に事例を示しながらその内容を詳しく記述するという構成も典型的な introduction の構成のひとつである．この構成の利点は，複数の重要な内容に関して詳しく説明しながら，同時にそれぞれの内容の関係の理解も容易になることである．長めの introduction では，勧められる構成である．
- この例以降の [例3]～[例6] の序論は基本的に，冒頭に introduction の構造を示す構成である．
- この後の部分も含め，introduction は5ページで，全ページ数（30ページ）の約17％（1/6）になる．引用はこの部分だけでのべ26回で，introduction 全体ではのべ70回である．

[例4] 引用の少ない introduction の例

Anchoring and adjustment during social inferences
〈社会的推論時におけるアンカーリングと調節〉
Tamir, D. I. & Mitchell, J. P. (2013). *Journal of Experimental Psychology: General, 142*, 151–162. DOI: 10.1037/a0028232

社会心理学と認知心理学の両方にまたがる推論過程の研究である．

1) [主：説明] social inference の定義と説明の提示："Everyday social in-

teraction requires humans to infer the thoughts, feelings, or preferences of other people. . . . Explaining how humans so fluently perceive others' thoughts and feelings poses a persistent challenge to social psychology."（人は日常的に他者の思考，感情，あるいは選好について推測する必要がある．……どのようにして人が他者の思考や感情を戸惑いなく読み取っているのかを説明することは社会心理学における長年の課題である．）［ref: 0］

2) ［主：説明］　この課題に対するひとつの答えとしての「他者の経験を自分の心の中で模倣・シミュレートしてみる」という方略の紹介．［ref: 0］

3) ［主：説明］　この「模倣」方略がうまくいかない場合の説明：模倣対象に対する知識がない場合と自他の差を修正できない場合．［ref: 0］

4) ［主：説明］　本研究の目的として，この 2 つがどのように行われるかを検討するという宣言．［ref: 0］

5) 節「自己と社会的推論」
   a) ［客：理論］［客：肯例］　シミュレーションを推論に使う例としての false consensus effect（実際以上に他者が自分と同じ意見を持っていると推論する）というバイアスの紹介．［ref: 4］
   b) ［客：理論］［客：肯例］　シミュレーションを推論に使う例として「実際以上に他者が自分と同じ知識を持っていると推論する，他者が自分の事情，思考や感情をよくわかっていると推論する」効果の紹介．［ref: 11］
   c) ［客：肯例］　シミュレーションを推論に使うという仮説を支持するニューロイメージング研究の紹介：自己と他者の思考について考える際に，脳の同じ部位が活性化している．［ref: 9］

6) 節「類似性」
   a) ［客：理論］［客：肯例］　社会的推論に自己を用いてシミュレートする条件に関する研究の紹介：他者が自分に似ている場合にはシミュレートを用いて推論を行い，似ていない場合にはステレオタイプを用いる．［ref: 3］
   b) ［客：肯例］　自他の類似性と差異性の判断に別の脳の部位が関係していることを示す研究の紹介．［ref: 3］

7) 節「アンカーリングと調節」
   a) ［主：解釈］　ここまでのまとめ：人はとくに自分と似た他者に対する社

会的推論に自己の知識（シミュレーション）を用いることがある．しかし，正しい推論を行うためには自他の経験の違いを認め，修正する必要がある．［ref: 0］

b) ［客：理論］［客：肯例］　この修正のためのメカニズムとしての「アンカーリングと調節」という機能の紹介と説明：不確定な判断において，人はまず出発点（アンカー）となる関係する情報の断片を選び，そこから正解に向かって調節していく．［ref: 1］

c) ［客：理論］［客：肯例］　調節が連続的な過程であるという説明：調節には時間や労力が必要である．［ref: 6］

d) ［主：解釈］　もともとアンカーリングと調節の機能が認められた非社会的推論と，社会的推論の特徴の類似点の提示．1）自己の知識をアンカーにする，2）不確定な答えを推論する，3）アンカーからの修正に労力が必要．［ref: 1］

e) ［主：展開］　非社会的推論と社会的推論との特徴の一致度が高いことから，アンカーリングと調節は社会的推論でも役割を果たしているだろうという主張．［ref: 0］

f) ［客：肯例］　自己の知識によるアンカーからの調節が用いられていることを示す社会的推論におけるいくつかの研究（スポットライト効果と透明性の錯覚）の紹介．［ref: 4］

8) 節「本研究」

a) ［主：説明］　本研究で検討すること：(1) 社会的推論における自己の役割，(2) 社会的推論における自他の類似性，(3) 自己に基づくアンカーからの修正過程としての連続的修正．［ref: 0］

b) ［主：展開］　3つの仮説の提示：(1) 自己が社会的推論に関わっているならば，自他の差異はアンカーポイントからの修正の量を反映する．もしも自己が社会的推論に関わっていないならば，自他の差異は無意味な構成概念に過ぎない．(2) 連続修正は，修正量に応じた時間がかかるので，自他の差異と社会的推論の反応時間は正比例する．(3) 自他に類似性がない場合には自己をアンカーとした連続的修正過程は認められないので，この比例関係は見出されない．［ref: 0］

【構造分析】

- この例も introduction の冒頭において introduction の構造を示し，そののちに詳しい説明を順番に行う構成である．そこでは引用や既存研究の紹介ではなく，自分で問題を消化し，自分の言葉で説明している．導入部で引用を積み重ねる形式をとる論文も多いが，このように引用をほとんど用いることなく自分の言葉で構成する形式があることも知ってほしい．しかし，この形式は無意識的であっても，他者の著作や思想・思考の模倣や類似になりやすく，剽窃と隣り合わせというリスクもある．また説得力を持たせることも必要なので上級者向けの形式かもしれない．ある程度関係領域やテーマで論文の発表を積み重ね，専門家であることが認知されたのちに採用するのがいいのかもしれない．
- 基本的には反証を示すことなく，最後に示される仮説を展開するために，前提になる構成概念を既存研究を示しながら紹介し，論理的な展開を積み重ねていく．長い introduction であるが，仮説に行き着くために一本道に進められている．もっとも基本的な introduction の構造である．
- introduction は 2 ページで，全ページ数（12 ページ）の約 17%（1/6）であり，introduction における引用はのべで 42 回である．

［例 5］学術以外の材料をうまく使っている introduction の例

> Are all interventions created equal?: A Multi-Threat Approach to tailoring stereotype threat interventions
> 〈すべての介入は同じようにつくられているのか：ステレオタイプ脅威にあわせた複合脅威アプローチ〉
> Shapiro, J. R., Williams, A. M. & Hambarcyan, M. (2013). *Journal of Personality and Social Psychology, 104*, 277–288. DOI: 10.1037/a0030461

社会心理学における自己認知過程，とくにステレオタイプ脅威に関する研究である．

1) ［客：知見］ シドニー・ポワチエ*5とアーサー・アッシュ*6の言葉の引用："I was the only Black person on the set. It was unusual for me to be in a circumstance in which every move I made was tantamount to represent of 18 million people."（わたしはその撮影現場の唯一の黒人だった．わたしのふるまいが 1800 万人の人々を代表するに等しいという状況に置かれることは，ただならぬことであった）— Sidney Poitier

    "My potential is more than can be expressed within the bounds of my race or ethic identity."（わたしの能力は，わたしの人種や民族的アイデンティティの枠内で許される能力を超えていた）— Arthur Ashe ［ref: 0］

2) ［主：指摘］ シドニー・ポワチエとアーサー・アッシュの紹介と彼らの言葉に表出されたステレオタイプ脅威（stereotype threat）の指摘．ステレオタイプ脅威の定義：ネガティブなステレオタイプを伴って，行為を見られることへの関心．［ref: 1］

3) ［主：指摘］ シドニー・ポワチエとアーサー・アッシュの感じていたステレオタイプ脅威の違いの指摘：ポワチエの「人種を代表することの重責」とアッシュの「ステレオタイプとして貶められることの負担」の違い．この違いを説明する複合脅威フレームワーク（the Multi-Threat Framework）の提示．［ref: 1］

4) ［主：展開］ 仮説の提示：もしも複数の質的に違うステレオタイプ脅威があるならば，あるステレオタイプ脅威を軽減するための介入は，ある種のステレオタイプ脅威を軽減するが，別のステレオタイプ脅威を防ぐことはできないかもしれない．［ref: 0］

5) ［主：説明］ 本研究の理論的な意義と実務的な意義の提示．理論的には複数の形態のステレオタイプ脅威の存在を支持する知見が得られる．実務的に

---

*5 シドニー・ポワチエ（1927–）とはアフリカ系アメリカ人の男優，映画監督である．まだ人種差別意識が強く残っていた 1950 年代にアフリカ系として唯一主役級の役を演じた，アフリカ系俳優の先駆者である．アフリカ系男優として最初にアカデミー主演男優賞を受賞している．知的なイメージの役を多く演じ，その系譜はモーガン・フリーマンやデンゼル・ワシントンに受け継がれている．

*6 アーサー・アッシュ（1943–1993）とはアフリカ系アメリカ男性のテニスプレーヤーである．人種差別が残っていた 1960 年代のテニスの世界において，最初に成功したアフリカ系の男子プレーヤーであり，テニスの 4 大大会（全英，全米，全仏，全豪）で初めて優勝したアフリカ系男子プレーヤーである．

は，ステレオタイプ脅威の多様性の認識，および特定の形態のステレオタイプ脅威に対する適切な介入法を使用すると重要性の認識が高まる．[ref: 0]
6) [客：肯例] 仮説を緩やかに支持する先行研究の紹介：否定的なステレオタイプを持つグループごとにリスクを感じるステレオタイプ脅威が違う．[ref: 1]
7) 節「単一のステレオタイプ脅威から複数のステレオタイプ脅威へ」
    a) [客：理論][客：肯例] ステレオタイプ脅威の次元の提示：既存研究はステレオタイプ脅威を単一の現象として研究してきたが，近年複合脅威フレームの研究が複数の質的に異なるステレオタイプ脅威の存在を明らかにしつつある．そこにはステレオタイプが脅威を与える対象の次元と誰が脅威を与えるかの次元が存在する．[ref: 4]
    b) [客：理論][客：肯例] ステレオタイプが脅威を与える対象の分類の提示：ステレオタイプが脅威を与える対象には，自分と所属集団がある．つまりネガティブなステレオタイプの影響を受けて自分のパフォーマンスが下がることを心配する場合と，自分が失敗することで，自分の所属する集団の評判や評価が下がることを心配する場合がある．[ref: 5]
    c) [主：展開] 自分と所属集団に対するステレオタイプ脅威の架空例の提示：(1) アフリカ系学生が試験に失敗することで，アフリカ系の知性に対するステレオタイプを強化することを恐れる．(2) 試験に失敗することで，ヨーロッパ系にアフリカ系の知性に対するステレオタイプを確信させることを恐れる．(3) 試験に失敗することで，アフリカ系の知性に対するステレオタイプを確認してしまうことを恐れる．(4) 試験に失敗することで，アフリカ系の知性に対するステレオタイプに従って判断され，不当に扱われることを恐れる．前者2つは，ステレオタイプ脅威の対象は所属集団で，後者2つは自己である．[ref: 0]
    d) [主：説明][客：肯例] 本研究でステレオタイプが脅威を与える対象に焦点を当てる理由の提示：(1) 意図的ではなくとも，既存研究でステレオタイプの脅威として自己と所属グループのどちらかが扱われてきたため．(2) 複合脅威フレームワークから，これまでの研究で有効性が示されてきたグループ内役割モデル (ingroup role model) と自己肯定 (self-affirmation) が，それぞれ所属集団への脅威と自己への脅威しか

防ぐことができないことが示唆されたため．［ref: 4］
8) 節「ステレオタイプ脅威への介入：グループ内役割モデルと自己肯定」
  a) 項「所属集団へのステレオタイプ脅威への介入としての役割モデル」
    (1) ［客：理論］［客：肯例］　役割モデルがステレオタイプ脅威を緩和するメカニズムの説明．
    (2) ［主：展開］　このメカニズムから導き出される仮説：役割モデルは所属集団を脅かすステレオタイプ脅威を緩和するが，自己を脅かすステレオタイプ脅威は緩和できない．［ref: 9］
  b) 項「自己へのステレオタイプ脅威への介入としての自己肯定」
    (1) ［客：理論］［客：肯例］　自己肯定がステレオタイプ脅威を緩和するメカニズムの説明．
    (2) ［主：展開］　このメカニズムから導き出される仮説：自己肯定は自己を脅かすステレオタイプ脅威を緩和するが，所属する集団を脅かすステレオタイプ脅威は緩和できない．［ref: 13］
9) 節「本研究」
  a) ［主：解釈］　ここまでの序論のまとめの記述：(1) 役割モデルと自己肯定は，それぞれ特有のステレオタイプ脅威の軽減に有効である．(2) 複合脅威モデルによれば，パフォーマンスを集団の能力の指標と考える場合には所属集団を脅かすステレオタイプ脅威が生じ，パフォーマンスを個人の能力の指標と考える場合には自己を脅かすステレオタイプ脅威が生じる．(3) このことから，役割モデルは所属集団を脅かすステレオタイプ脅威を緩和するが，自己を脅かすステレオタイプ脅威は緩和できない．一方，自己肯定は自己を脅かすステレオタイプ脅威を緩和するが，所属する集団を脅かすステレオタイプ脅威は緩和できないと仮定される．［ref: 0］
  b) ［主：説明］　実験法の紹介：4つの実験を行う．2つはアフリカ系学生を対象にし，2つは女性を対象にする．そして，それぞれの対象に対して，1つの実験では役割モデル的介入と統制群の違いを検討し，もう1つでは自己肯定的介入と統制群の違いを検討した．［ref: 0］
  c) ［主：説明］　目的のまとめの提示：本実験では異なる形態のステレオタイプ脅威を扱い，もっとも有効に介入するためにそうした異なる形態を

持つステレオタイプ脅威を分類することの重要性を検討した．[ref: 0]

【構造分析】
- この論文も［例3］と同様に研究以外の一般によく知られる言葉の引用文で始まる．この方法は読者の興味を早々に引き付ける効果があると同時に，詩や散文，思想家の言葉を冒頭で引用するのは欧米における著作物の伝統的な形式のひとつであるので，教養人による知的な文章であるという印象も強める．
- 構造も，前述の［例3］，［例4］と同様に introduction/序論の冒頭において，introduction を示し，そののちに詳しい説明を順番に行う構成になっている．
- 全体的には，まず知見や理論を紹介し，それを他の問題に対して展開して，結果を予測したり，問題点を指摘するという演繹法的あるいは弁証法的論理展開が多用されている．
- また，架空例を用いて，理論によって示唆されるやや複雑な条件ごとの効果を説明したり，重要な内容を抽象度を変えながら繰り返し提示したり，要所要所で整理やまとめをするなどしてわかりやすさ，理解しやすさに最大の努力を払っていることがよく伝わる．
- 最後の部分に置かれた仮説に関しても単に予測を示すだけではなく，その予測が導かれるメカニズムをおさらいしながら示し，実は introduction 全体のまとめにもなっているというスマートな形式である．
- introduction は 2.5 ページで，全ページ数（12 ページ）の約 21%（1/5）であり，introduction における引用はのべで 38 回である．ページ数の割には引用が少ないと判断するよりも，むしろ introduction が丁寧に書き込まれており，ページ数が多くなっていると考えるべきである．

［例6］ 幅広い問題をよくまとめている introduction の例

> **Values as predictors of environmental attitudes: Evidence for consistency across 14 countries**
> 〈環境態度を予測変数としての価値観：14 カ国間で共通する証拠〉
> Schultz, P. W. & Zelezny, L. (1999). *Journal of Environmental Psychology, 19*, 255–265. DOI: 10.1006/jevp.1999.0129

地球環境問題への態度に関する環境心理学的な国際比較研究である．

1）［客：事実］［客：肯例］ 環境問題に関する心理学の歴史の略述：環境運動

が始まった30年前から社会心理学者は環境問題への関心の原動力の理解を試みてきた．そこでは主に，従来の態度理論と環境配慮行動に関する社会心理学的理論に基づいていた．しかし，それらは80年代半ばから停滞し，近年は環境的な態度の源になる価値観を特定する試みが成果を挙げつつある．[ref: 1]

2) [主：説明] 本研究の基本的目的の宣言：多国データを用いて，価値と環境態度との関係を研究する．[ref: 0]

3) [主：説明] 研究の動向の提示：環境的課題に対する態度の研究は，より分化された態度の形成に関心を向け始めている．[ref: 0]

4) [客：理論][客：肯例] SternとDietzの環境態度の基盤の3分類の紹介：(1) 利己主義，(2) 社会的利他主義，(3) 生物中心主義の理由から環境を守る必要がある．[ref: 2]

5) [客：理論][客：肯例] Merchantの類似の3分類の紹介：(1) 自己中心，(2) 人類中心，(3) 生態中心主義．[ref: 1]

6) [主：指摘][客：肯例] 2つの価値の定義とその相違点の説明：(1) 価値は人生の目的，生活の基準である，(2) 価値は態度や行動の決定因である．[ref: 2]

7) [客：理論][客：肯例] Schwartzの4カテゴリーの価値観のモデルの紹介：(1) 変化，(2) 保守主義，(3) 自己超越，(4) 自己実現．[ref: 2]

8) [客：理論][主：指摘][客：肯例] NEP (New Environmental Paradigm) の紹介．NEPと生物主義の類似性の指摘．[ref: 4]

9) 節「価値と環境態度に関する研究」

   a) [主：解釈][主：指摘][客：肯例] 米国における生物中心主義的態度の発展に関する研究の示すこと：(1) Dunlapの研究ではNEPを肯定する割合は増加している．しかし，(2) Sternの研究では環境態度に対する3分類的価値観の存在は支持されていない．[ref: 7]

   b) [主：指摘][客：肯例] こうした研究の問題の指摘：環境態度の測定法．[ref: 2]

   c) [客：理論][客：肯例] ThompsonとBartonの別の環境態度尺度の紹介：人間中心主義と生物中心主義．[ref: 3]

   d) [主：解釈] 既存の研究のまとめ：(1) 環境態度が分化していることへ

の支持は限られている．(2) 環境態度と個人の価値観が関係していることへの支持はさらに少ない．[ref: 0]
- e) [主：説明] 本研究の目的の提示：(1) 米国とスペイン語圏の複数の国を対象にして，環境態度と価値観の関連を検討する．(2) 価値が態度に影響を及ぼすことを示す．[ref: 0]
- f) [主：説明][客：肯例] 具体的な仮説の提示：(1) 自己超越的価値は生態中心主義およびNEPと正の関係を持ち，人類中心主義とは負の関係を持つ．この関係はすべての国で示される．(2) 伝統的価値観はNEPと負の関係がある．[ref: 2]

10) 節「環境への関心に関する文化間比較研究」
- a) [客：理論][主：解釈][客：反例] 社会経済的地位と環境態度に関する文化間比較研究の紹介：(1) 環境態度はポスト物質的価値観であるという主張がある．この主張に従えば，環境態度は社会経済的地位と比例し，発展途上国では低くなると予測される．(2) 実際には反対の証拠がある．発展途上国のほうが環境態度を示す割合が高い．[ref: 8]
- b) [主：指摘][客：理論][客：肯例] この現象を説明する変数としての文化の提示：アングロ系人種（先進国国民）の環境観は，技術的解決法を重視し，人間を自然の保護者や消費者とみなすが，ラテン系人種（発展途上国国民）は自然の中に人がいるという自然観を持ち，共同体的解決法を重視する．[ref: 6]
- c) [主：展開] こうした違いに基づく米国とラテンアメリカの国々とのNEPの違いの予測の提示：(1) ラテンアメリカの国のほうが米国よりもNEPのスコアが高くなるだろう．(2) ラテンアメリカでは伝統的価値観がNEPや生態中心主義と負の関係を示さないだろう．[ref: 0]
- d) [主：解釈][主：説明] ここまでのまとめ：ラテンアメリカ諸国の環境に対する関心は高いが，環境に対する態度を完全に理解するためには，態度の背後にある価値を検討する必要がある．本研究では14の国を対象にして，環境態度と価値の関係を検討する．[ref: 0]

【構造分析】
- 環境行動に関する環境心理学の論文である．こうした応用的性格，あるい

は周辺領域との学際的性格が強い論文では，基礎的な心理学と比較すると，introduction/序論が長くなる傾向がある．それは，（1）ひとつには，問題に関わる変数や概念が多かったり問題の構造が複雑になりがちなのでその整理や説明にページを要するということだが，（2）もうひとつは，テーマ自体がマイナーでよく知られていないので，研究の意味や意義自体を詳しく説明することが必要になるためでもある．

　後者はつまり，認知，知覚，社会心理学などの主要概念，たとえばワーキングメモリー，錯視，同調であれば，それをテーマに心理学の研究をすることの目的や意義を論文で説明する必要はなく，またそのテーマ全体を概観する必要もなく，研究の具体的テーマから introduction を始めて何の問題もない．それで誰も違和感を感じず，むしろ専門性の高さを感じさせるかもしれない．しかし，周辺領域やよく知られていないマイナーなテーマの場合には，ある程度詳しくテーマ自体の紹介をすることが必要であり，また，そのテーマを対象に心理学の研究を行うことの意義を説得することが必要になる．

　この点は，とくに総合誌にマイナーなテーマの論文を投稿する際には重要であり，研究の内容ではなく，テーマの適切さ，重要性という基準で論文が reject/不採用にならないように最大の努力が必要である．また，専門誌であっても，その中にも主要なテーマとマイナーなテーマはあるので，マイナーなテーマには同じ注意が必要である．

- 比較的冒頭に近い部分で総論的に目的を宣言してしまい，そののちに各論である「環境態度」「価値」「文化の影響」という3つの内容を関係付けしながら順番に紹介するという構成になっている．とくに，大きくまとまっている内容は節にして，ストーリー構成を理解しやすくしている．
- 既存尺度が比較的詳しく，具体的に紹介されているのも特徴である．これは，そうした尺度の中の変数を，この研究の中でも変数として採用したためである．こうした場合にこの論文のように introduction で尺度に関する既存研究を紹介する場合と，方法の中で説明する場合がある．常にどちらの方法がいいとは言えないが，（1）自分の研究や領域の研究全体において重要性が高い尺度については，introduction 全体のストーリーにうまく組み込むことができるならば，そうしたほうがいい．尺度の開発そのものに思想・視点や研究的意義がある場合に，そうなることが多い．（2）しかし，あくまでも変数や

構成概念を測るための尺度，すでに研究的意義を離れて広くツールとして使用されている尺度，たとえば各種心理検査や性格・心理状態のテストなどでは，方法で記述することが適切であることが多い．

また，introduction のストーリーに当てはまらない場合には，尺度の説明を無理に introduction に組み込まずに，method/方法に持っていくか，introduction の最後あたりに節を設けて，ストーリーが破綻しないように注意する．

■ introduction は 3 ページで，全ページ数（12 ページ）の約 25%（1/4）であり，introduction における引用はのべで 40 回である．

7.3 discussion 実例分析

7.3.1 分 析 対 象

introduction/序論と同様に，discussion/考察も実例を挙げて，文章の成分，構成を分析してみよう．discussion/考察は introduction/序文の内容を受けて構成されているので introduction 実例分析で示した論文と同じ論文 6 つを分析した．そこに，この 6 つには含まれていなかった分析単位の実例を示すためにもうひとつ論文を加えた．論文を掲載しているジャーナルに関する情報は「7.2.1 分析対象」を参照してほしい．

7.3.2 discussion の構造分析の分類カテゴリー

discussion/考察向けに 10 の分類カテゴリーを設けた．この分類も，introduction/序論の分類カテゴリーと同様に完全に独立したものでも，排他的なものでもない．文章の構造の理解を進めるための便宜的なものである．

文章の構成において discussion は introduction よりも多様性が低く，かなり定型化されている．典型的な discussion はここで示した分類カテゴリーの中のいくつかの項目を，ここで示した順番で記述していく構成をとる．いつも分類カテゴリーのすべてに該当する内容が書かれているわけではないが，順番が入れ換わることは少ない．

こうした典型的な構成を知り，また実際の文章に触れることで，英語らしい discussion/考察を書くコツがつかめていくだろう．そのため，引用を多めにし，

具体的なイメージをつかみやすいように心がけた.
(a) ［研究のまとめ］ 研究の目的と研究デザインのまとめ
(b) ［結果のまとめ・仮説検証］ 結果のまとめ/仮説が支持されたかどうか・リサーチクエスチョンへの答え
(c) ［結果の解釈］ 結果の解釈と，その解釈の妥当性を示すための議論
(d) ［他の解釈の否定］ 他の解釈の否定や論破
(e) ［既存研究との関係］ 既存の知見・理論・モデルとの比較や当てはめ
(f) ［研究的貢献］ 結果の示唆する研究的（理論的・方法論的）貢献
(g) ［実務的貢献］ 結果の示唆する社会・実務的貢献
(h) ［問題点］ 研究の限界と問題点
(i) ［将来の研究］ 今後どんな研究が必要とされるか
(j) ［結論］ 結論

7.3.3 分　析　例
[例 1] 成功した複数の実験の discussion の例

> **No role for motor affordances in visual working memory**
> 〈視覚的ワーキングメモリーの中に運動系的アフォーダンスの役割はない〉
> Pecher, D. (2012). *Journal of Experimental Psychology: Learning, Memory, and Cognition, 39*, 2–13. DOI: 10.1037/a0028642

認知心理学の研究で，とくにワーキングメモリーに関する研究である．

この研究では 5 つの実験が行われており，順番に記載されたそれぞれの実験の章に discussion がある．ここでは，その後に置かれている general discussion について分析している．

1) ［結果のまとめ・仮説検証］ 今回の研究の一番重要な成果である「これまでの知見に反し，運動系が視覚的ワーキングメモリーに含まれていない」という結果の叙述．
2) ［結果の解釈］ 実験法の内的妥当性の確認.
3) ［他の解釈の否定］ 実験課題の内的妥当性の検討．課題が不適切であった可能性の否定.
4) ［他の解釈の否定］ 運動系に対する実験操作の内的妥当性の検討．操作がされていなかった可能性の否定.

5) ［既存研究との関係］　本研究結果とfMRIによる既存研究が一致しなかった理由に対する説明の提案．既存研究における効果の因果関係の解釈を逆転すると，矛盾は解消される．
6) ［既存研究との関係］　既存研究で用いられているfMRI研究の制約に関する議論．逆問題が解けない．2変数のみの相関研究は因果関係を確定できない．
7) ［既存研究との関係］　Baddley[*7]の提唱した元々のワーキングメモリーのモデルや最新のモデルとの，本研究結果の整合性の確認．
8) ［結論］　結論は結果の要約である．To conclude, から始まる3つの文からなるごく短いものである．

【構造分析】
- この例は，複数の実験がある実験研究の論文で，それぞれの実験の結果に関しては個別に考察を行い，その上で実験結果全体をここで紹介したgeneral discussionで総合的に考察したものである．
- この論文はかなり会心の研究の報告である．5つの実験はほぼ仮説通りの結果を示し，それは既存の研究の知見を覆す意味を持っている．冒頭で重要な結果を報告し，その後はその結果の解釈や意義の「強化」が続く．その上で，既存の研究の問題点を指摘し，不一致を解決するための説明を提案している．最後は，少し包括的な親構成概念との関係性との整合性を確認している．つまり，研究の問題点に触れることなく，実験で得られた知見の重要性を中心にした議論に終始している．したがって，将来の研究の提案もない．
- 典型的なdiscussion・general discussionの構造，ストーリーの展開なので論文構成の参考にしやすいが，結果に問題が少ないのでディフェンスの記述の参考にはならない．著者は書いていて気持ちがよかっただろうという論文である．

［例2］解釈の余地が少ない明確な結果に対するシンプルなdiscussionの例
> Eye movement control in scene viewing and reading: Evidence from the stimulus onset delay paradigm

---

[*7] HitchとともにPsychology的ワーキングメモリーを最初に提唱した認知心理学者．

〈景観視と読字における眼球運動の制御：刺激遅延提示パラダイムによる証拠〉
Luke, S. G., Nuthmann, A. & Henderson, J. M. (2013). *Journal of Experimental Psychology: Human Perception and Performance, 39*, 10–15. DOI: 10.1037/a0030392

知覚心理学における実験的研究である．

1) ［研究のまとめ］［結果のまとめ・仮説検証］　実施した実験のまとめと結果のまとめ．研究の目的，実験パラダイム（the stimulus onset delay：SOD）の叙述と結果のまとめ．
2) ［結果の解釈］［研究的貢献］　2つの研究の解釈と理論的貢献の記述：(1) 読字と景観視はサッケードのタイミングと統制において同じメカニズムを共有していることと，(2) 長時間の遅延提示に対してはサッケードの抑制が働いているだろうということ．
3) ［既存研究との関係］　本研究の既存のモデルへの当てはめ．The CRISP (time-Control Random-walk with Inhibition for Saccade Planning) モデルによる本研究結果の説明．
4) ［結論］　結論は独立した章になっている．これも3つの文からなる短い1つのパラグラフである．

【構造分析】
- この論文は知覚の基礎的実験なので，結果の意味は結果自体が明確に示しており，解釈の余地や必要性は少ない．したがって，discussion/考察はごく短めで，約半ページ，3パラグラフ＋独立しているがわずか5行のconclusion/結論である．
- 冒頭には，この研究の強み・ウリが "The present study is among the first to directly compare saccade control in reading and scene viewing, ... (Luke, Nuthmann, & Henderson, 2013, p.14)." のように提示されている．訳せば「本研究は読字と景観視におけるサッケードコントロールの最初の直接比較のひとつであり，……」となろう．
- 以下，結果の解釈と研究的な貢献が2つ議論されたのちに，（著者たちがこれまで提唱してきた）より適用範囲が広い既存のモデルとの整合性が議論されている．このように，discussionの後半で既存の研究との関係を議論するこ

とで，論文の論旨の一般性を広げていくストーリー展開が，砂時計型の構成の典型のひとつである．
- 基礎研究なので，社会的貢献に関しては議論されていない．また実験はほぼ完全に成功しているので，問題点や将来の研究に対する言及もない．基礎的実験研究で，実験計画がしっかりしており，結果がうまく出れば，論文執筆がいかにシンプルで楽な作業になるかを教えてくれる．
- conclusion/結論はごく短く，ほとんど abstract と同じ内容である．

［例3］結果の重要性や意義の解釈がやや長い discussion の例

> **Deonthological and utilitarian inclinations in moral decision making: A process dissociation approach**
> 〈倫理的意思決定における義務論的傾向と功利主義的傾向：過程分離法による検討〉
> Conway, P. & Gawronski, B. (2013). *Journal of Personality and Social Psychology*, *104*, 216–235. DOI: 10.1037/a0031021

社会心理学における倫理的判断に関する研究である．

この論文には複数の実験（Studies 1 to 3）が含まれており，それぞれを順番に章として報告している．そして，それぞれの実験の章に discussion を設けているので，ここでは論文の最後に置かれた general discussion について分析した．

1) ［研究のまとめ］　実施した研究の再確認．過去の研究の問題点の指摘と本研究で採用したその問題を克服できる実験パラダイムの説明．

    既存研究ではモラル・倫理判断において功利主義と義務論を1つの次元の両極と考えてきたので，それぞれの独立した機能が検討できない．process dissociation（PD）/過程分離をすれば，別々の変数として測定，検討することができる．

2) ［結果のまとめ・仮説検証］　過去の研究法が採用してきた「traditional（伝統的方法）」と「PD（新しい方法）」によって得られた結果の比較．

    伝統的方法でも有益な知見が得られたが，新しい方法では伝統的な方法では明らかにできなかった知見が得られた．PDによって功利主義的倫理傾向と義務論的倫理傾向が独立していることが示された（実験的操作が2つの傾向に異なる効果を及ぼした）．

3）［結果のまとめ・仮説検証］　新しい方法で明らかにされたもうひとつの重要な知見.

伝統的な方法での功利主義と義務論を1つの次元にした両極尺度では，この2つの傾向に対して同時に関係する変数との相関関係は相殺されてしまうことがある．PDではそうした関係を実証的に見出せる．

4）［既存研究との関係］　モラル判断における競合モデルへの貢献.

ここから最後の「結論」までは，独立した節として見出しが付けられている．

既存研究の多くで行われてきた，功利主義と義務論を排反する概念として捉え，どちらかだけを測定し，一方の傾向が存在することをもって，他方が存在しないという検討をする方法には問題が多い．両概念の傾向を同時に測定することが必要であり，本研究ではその方法で成果を挙げた．

5）［研究的貢献］　功利主義的モラル状態への示唆.

本研究は功利的判断が「害をなすことへの無関心」の結果なのか，それとも「モラル的関心」の結果なのかに関する理論的論争に重要な貢献をした．本研究の結果は功利的判断が真にモラル的関心に基づいていることを示した．

6）［既存研究との関係］　既存の知見の解釈への貢献.

功利主義と義務論を排反する傾向として測定していた過去の研究においては解釈のあいまいさがあり，別の解釈を排除できない．PDを用いればこうした可能性のある複数の仮説を検討することができる．

7）［問題点］［将来の研究］　本研究の2つの問題の指摘.

（1）研究法として閉世界仮説（closed world assumption）[*8]を採用しているので，設定や選択肢の範囲を超える検討はできない．（2）ジレンマを示すシナリオに交絡が含まれている．功利原則に従う選択肢には受諾行為が伴い，義務原則に従う選択肢には拒絶行為が伴っている．この交絡をコントロールした将来の研究は有益な知見をもたらす可能性がある．

---

*8　論理学的には，すでに真とされた命題以外の命題は偽とする知識・論理体系ということを意味しているが，ここでは単に設問のシナリオや選択肢が限定されているという程度の意味で使われている．そして，限定されているのでそこから逸脱する思考や推論をされた場合には適切な検討をすることができないという議論をしている．

8) ［結論］　結論では論文全体を要約している．abstract の内容に近い．

【構造分析】
- 基礎的実験論文であった前の2つの［例1］〜［例2］と比較して，本論文は社会心理学なので，「結果の意義は結果そのものに語らせる」というスタイルではなく結果の重要性や意義に対する議論が長くなっている．conclusion/結論を含めて general discussion は約 2.5 ページで，全ページ数（20 ページ）の約 13%（1/8）を占めている．
- この論文では introduction/序論でもそうだったのだが，general discussion の中に節を設け見出しを付けている．そして，general discussion の最初のいくつかのパラグラフで要約された議論を行い，その後の節で同じ内容を詳しく記述し直す，補足をするという構成をとっている．
- このように読者に大枠を先に与え，その上で何が書かれるかを見出しで明示することで，読者はかなり多くの内容を負担なく理解することができる．理解のしやすさという点に最大の配慮をした，わかりやすい構成のお手本となる論文である．こうした構成に対する配慮はまた，discussion における行き届いた議論と相まって，著者の高い知性と自信，そして事物に対する統制力を感じさせるものでもある．

[例4] 分析単位のほとんどすべてを持つ典型的な discussion の例

Anchoring and adjustment during social inferences
〈社会的推論時におけるアンカーリングと調節〉
Tamir, D. I. & Mitchell, J. P. (2013). *Journal of Experimental Psychology: General, 142*, 151–162. DOI: 10.1037/a0028232

社会心理学と認知心理学の両方にまたがる推論過程の研究である．

この論文には3つの実験（Studies 1 to 3）が含まれており，それぞれを順番に章として報告している．それぞれの実験の章には discussion があるのだが，ここでは論文の最後に置かれた general discussion について分析した．

1) ［研究のまとめ］　疑問文による論文のテーマの提示．"How do people infer the thoughts and feelings of others ?"（Tamir & Mitchell, 2013, p.159）（人はどのようにして他者の思考や感情を推論しているのだろうか）

この問いに対する既存研究による答えと既存研究では説明できないことの指摘．この研究の目的は，この既存研究では「説明できないこと」を明らかにすることであった．

2) ［結果のまとめ・仮説検証］　仮説が支持されたということ．それぞれの実験・研究結果がどのように仮説を支持したかの説明．

「自己と似た他者の思考や感情の推論にはアンカーリングと調節を用いるが，似ていない他者には用いない」という仮説が3つの研究で支持された．

3) ［結果の解釈］　結果の妥当性の論証．

似た他者に対する推論では自他の差が反応時間と比例したが，似ていない他者ではそうはならなかった．この結果は，実験計画を変えた3つの研究で一貫していた．

4) ［研究的貢献］　理論的貢献1：社会認知研究における自己の意義を再確認した．

5) ［研究的貢献］　理論的貢献2：社会的推論における自己の知識は似た相手には用いられるが，似ていない相手には用いられないということを示した．

6) ［既存研究との関係］　社会的判断に自己の知識が影響する認知過程の既存研究をこの研究の結果は支持しており，さらに発展させた．

先行研究では調節の方向が限定されていたが，本研究では限定できない実験計画を用いた．しかし，それでも仮説は支持された．

7) ［研究的貢献］　方法論的貢献：既存の実験計画には推論過程を促す要素が含まれがちだったが，本論文での実験ではより自然な条件での推論を検討する実験計画を用いた．

8) ［他の解釈の否定］　この論文での実験データは，実験的操作を行わない相関データなので，因果関係に関しては確定できず，本論文における解釈とは別の解釈も可能である．

しかし，社会心理学研究や推論の認知メカニズムの広範な研究から導かれた本論文における解釈は，これ以上の余計な説明を必要としない，もっとも parsimonious/倹約された説明[*9]である．

[*9] parsimonious explanation とは，ある現象の説明においては，必要最小限の説明をすべきであり，不要な説明を追加してはいけないという考えのことである．Occam's raser/オッカムのかみそりと言われることもある．

9) ［問題点］［将来の研究］　この研究では似ていない他者に対する推論過程に関する有力な知見を提供できない．したがって，似ていない他者に対する推論では，(1) 自己の知識を全く用いないのか，(2) 途中で使用することをやめるのか，あるいは (3) 使用するがその結果を使用しないのか，などを判断する検討ができない．こうした検討が可能な将来の研究を期待する．
10) ［結論］　結果の解釈と意義を 12 行 1 パラグラフに凝縮して，再度要約している．

【構造分析】
- ［実務的貢献］以外のすべての考察の分析単位が含まれる，典型的な考察である．社会的認知の研究なので，知覚や記憶などの純粋に基礎的な研究よりは考察の量は多めの約 2 ページで，全ページ数（12 ページ）の約 17%（1/6）を占めている．
- 「似た他者に対する推論では自己との係留と調整が用いられているが，似ていない他者には用いられていない」という結果が，具体的で詳細な形で始まり，凝縮され具体性を下げながら何度も繰り返される．凝縮しながら重要な結果を繰り返すという点においても，典型的な例として参考にできる考察である．

[例 5] 将来の研究の方向性に重点が置かれた discussion の例

> **Are all interventions created equal?: A Multi-Threat Approach to tailoring stereotype threat interventions**
> 〈すべての介入は同じようにつくられているのか：ステレオタイプ脅威にあわせた複合脅威アプローチ〉
> Shapiro, J. R., Williams, A. M. & Hambarcyan, M. (2013). *Journal of Personality and Social Psychology*, *104*, 277–288. DOI: 10.1037/a0030461

　社会心理学における自己認知過程，とくにステレオタイプ脅威に関する研究である．

　この論文にも 4 つの実験が含まれており，それぞれを順番に章として報告している．そして，それぞれの実験の章に短い discussion/考察を設けているので，ここでは論文の最後に置かれた general discussion について分析した．

1) ［結果のまとめ・仮説検証］　結果を大きくまとめている．

4つの実験で複合脅威フレームワークを支持する証拠を提供する．ステレオタイプ脅威は単独の構成概念ではなく，ステレオタイプ脅威の種類ごとに，異なる介入が必要であることが示された．

2) ［研究的貢献］「ステレオタイプ脅威研究への貢献」という見出しの節を立て，6つのパラグラフを納めている．その中では以下のような成果が挙げられている．

   (1) 本研究の結果は，ステレオタイプ脅威は単一の脅威ではない，また集団として脅威を受ける場合と個人として脅威を受ける場合を概念的，実際的に区分できることを示す．

   (2) 本研究は，所属集団が対象の脅威と自己が対象の脅威の過程を説明する最初の証拠を提供する．

   (3) ステレオタイプの操作の違いにより，異なる形のステレオタイプ脅威を作り出せた．

   (4) 役割モデル介入と自己肯定介入はどちらも単一のステレオタイプ脅威しか食い止めることができない．

   (5) 複数のステレオタイプ脅威への対処においては研究結果の実務への適用を慎重にしなければならない．

   (6) このような成果は the Multi-Threat Framework に基づく研究法を用いたおかげである．

3) ［問題点］［将来の研究］　この部分も節を立て，本研究の2つの限界と将来の研究を提案している．

   (1) 本研究はステレオタイプ脅威の対象に焦点を当てているが，ステレオタイプ脅威の提示元を無視している．将来の研究では，ステレオタイプ脅威の提示元に関する検討をすることが重要である．(2) ステレオタイプ脅威に対する介入がどのように機能するかのメカニズムに対する実証的検討がされていない．この2つの限界は，ステレオタイプ脅威研究に広く共通することである．これまでの研究で示唆されたメカニズムをより直接的にテストする将来の研究は有望である．また，現場でのステレオタイプ介入の効果を検討する研究も多くの知見をもたらすことが期待される．

4) ［結論］　最後に1パラグラフ26行の少し長めの独立した conclusion/結論の節があり，研究全体を要約している．

【構造分析】

- この論文も general discussion の冒頭で研究全体をまとめ，そののちに節を立てていく構成になっている．節の見出しは，"Imprications for Stereotype Threat Research"（ステレオタイプ脅威研究への貢献）"Limitations and Future Directions"（限界と将来の方向性）"Conclusion"（結論）となっており，discussion/考察のひとつの典型的な構成になっている．
- "Imprications for Stereotype Threat Research"（ステレオタイプ脅威研究への貢献）で多くの成果を述べているように，とても成功した研究なので，"Limitations and Future Directions"（限界と将来の方向性）においても，研究そのものの問題点というよりも，領域の研究法全般に関しての限界を示し，むしろ将来の研究方向を提案することが主になっている．

[例 6] 問題解決的・応用的な方向性が強い研究の discussion の例

> **Values as predictors of environmental attitudes: Evidence for consistency across 14 countries**
> 〈環境態度を予測変数としての価値観：14 カ国間で共通する証拠〉
> Schultz, P. W. & Zelezny, L. (1999). *Journal of Environmental Psychology, 19*, 255–265. DOI: 10.1006/jevp.1999.0129

地球環境問題への態度に関する環境心理学的な国際比較研究である．

1) ［結果のまとめ・仮説検証］　結果のまとめ 1.
    本研究では以下のようなことが示された．
   (1) 環境価値と態度が関係していた．
   (2) 環境への関心は脱物質主義的態度ではない．
2) ［結果のまとめ・仮説検証］　結果のまとめ 2.
    さらに以下のようなことが示された．
   (3) New Environmental Paradigm（NEP）と生態系中心主義は自己超越的価値（self-transcendent）と正の相関があった．
   (4) 環境に関する新しい価値観は米国と同じような形で，ラテンアメリカ諸国でも広がりつつあることが示された．
3) ［結果のまとめ・仮説検証］　予期しなかった結果の提示．
    自己高揚的価値（self-enhancement）は NEP や生態系中心主義と負の相

関があり，人間中心主義とは正の相関があった．
4) ［結果の解釈］　既存の理論による，予期せぬ結果を含む結果の解釈．

　　価値基準理論（the value-basis theory）によれば，異なる価値観は価値あるものに対する有害な結果に関する関心に基づいている．自己中心的な人でも，環境問題が自分に不利益をもたらすならば関心を持つ．この視点により結果は解釈できる．

5) ［結果の解釈］　自分たちの提唱する，予期せぬ結果を含む結果の解釈．

　　自己高揚的な人は，自己というものを自分自身に狭く限定するが，自己超越的な人は他者や他の生き物を含んで自己を広く捉える．したがって自己高揚的な人は自己に利益をもたらすということを自分自身に利益をもたらすこととみなすが，自己超越的な人は他者や生態系に利益をもたらすことも自己への利益と考える．この解釈でも結果は解釈できる．

6) ［問題点］　方法論的問題点1：尺度の問題．

　　人間中心主義尺度において態度が自己への関心によるか他者への関心によるかが区別できない．

7) ［問題点］　実務的有効性に関する妥当性の不足．

　　環境に対する態度から行為や意図をどの程度予測できるかの妥当性を示す研究が不十分．

8) ［問題点］　方法論的問題点2：標本と言語の問題．

　（1）調査対象がすべて学生である．しかし，すべての対象国において学生なので，その点の均質は保たれている．

　（2）それぞれの対象国ごとに特別の質問表を作成していない．しかし，すべてスペイン語圏の国なので，この研究で使用した，違う国の2人によってスペイン語に翻訳・逆翻訳（バックトランスレーション）された質問表はすべての国で十分に理解されたと考えている．

9) ［結論］　独立したconclusionsが最後に設けられている．18行1パラグラフの標準的な量である．

【構造分析】

■ 本研究は価値観と環境態度の関係を多国データで比較した社会心理学・環境心理学の研究である．研究テーマそのものには問題解決的・応用的な方向性

が強いが，行われている研究そのものは関係の背後にあるメカニズムの解明を目指した基礎的な研究である．
- しかし，基礎的な領域ではないので，discussion と conclusion をあわせて約2ページで，全ページ数（12ページ）の約17％（1/6）になり，比較的長めである．
- 複数の対象から集めた，多くの変数を持つデータの分析を行っているので，結果は多く複雑になるために，その要約および，既存の知見や知識との関係の整理が discussion の多くの部分を占めている．
- 問題点に関しての defence/ディフェンスがうまく行われており，同じような問題は多くの研究に共通するので，書き方の参考になる．
- 問題解決指向的・応用的な領域の研究であるが，この研究そのものは基礎研究なので［実務的貢献］に関する具体的な議論はされていないが，研究そのものがそうした実務的貢献を目指したものであるということが，上に紹介した discussion の冒頭および，下に紹介する introduction の冒頭からわかる．

"Since the beginning of the environmental movement over 30 years ago, social psychologists have attempted to understand the force that lead people to be concerned about environmental issues." （Schultz & Zelezny, 1999, p.255）（30年以上前の環境運動の始まりから社会心理学者たちは環境問題に人々の関心を向ける力に関する理解を試みてきた．）

[例 7] 実務的貢献を示す discussion の例

Nodes, paths and edges: Considerations on the complexity of crime and the physical environment
〈結束点，経路，境界：犯罪の複雑性と物理的環境に関する考察〉
Brantingham, P. L. & Brantingham, P. L. (1993). *Journal of Environmental Psychology, 13,* 3–28. DOI: 10.1006/S0272-4944(05)80212-9

物理的環境の犯罪発生への影響を検討した環境心理学の研究である．

ここまでに紹介した6つの論文には明確な形での［実務的貢献］が示されていなかったので，最後に［実務的貢献］の例を追加しておく．Brantingham and Brantingham (1993, p.22) からの引用である．ここには5つの犯罪発生箇所

に関わる実務的な指摘がされているが,そのうちの2つを引用し,訳を添えておく.

(1) Cognitive maps, knowledge of spatial relationships influence crime location.

認知地図,空間関係の知識は犯罪箇所に影響する.

(2) The cognitive representations reflect high activity nodes and the paths between them and through those representations shape the location of crime.

認知的表象は活発な結束点,その間の経路を反映し,そうした表象を通じて犯罪箇所を形成する.

Chapter 8
table/表と figure/図の作り方

　figure・table/図表は必要十分な情報を持ち，自己完結していることが必要である．本文と重複する情報を含まないようにすることを心がけるが，本文を読まなければ理解できないのも情報が不足している．

　よい図表は，論文の理解のしやすさを高める．図表の良し悪しには英語力が関係する程度が低いので，日本人はぜひにも頑張りたいところである．よい図表をつくるためには，英語の学術論文における図表作成の原則や正確なルールを知っている必要があるのだが，慣れない日本人にはあまり知られていないこともあるようである．原則やルールを外れた図表はよく目立つため，読者や reviewer/査読者からの論文自体の評価を下げることになりかねないので，よく注意しよう．

　よい図表を作る1つのコツは，投稿先のジャーナルの図表をよく見ることである．ジャーナルや領域によって標準的な図表はやや違うことがあるので，投稿先のジャーナルに掲載された他の論文と基本的に同じ形式を採用することが望ましい．伝統的な形式の図表しか掲載されていないジャーナルもあるし，複雑な表や最新のテクノロジーによる図版が豊富に掲載されているジャーナルもある．そのジャーナルの読者と reviewer/査読者に違和感のない図表を使うようにしておくのは望ましいことである．

　また figure・table/図表に共通する注意として，まず用語は本文中と同じものを使用する必要がある．統計用語などの知られたもの以外は，本文中で説明していない略語などを図表でいきなり使ってはいけない．よく知られた統計用語の略語とは n, M, SD, p, t, r, α, β, χ^2 などのことである．説明なしで使用していい統計用語の略語については APA の論文作成マニュアル（American Psychological Association, 2010）に詳しい一覧があるので，目安にしてほしい．説明していない略語に関する注意は本文中でも同じであるが，図表では犯しやすいミスなのでとくに注意する．

また，変数や条件を提示する順序も本文の内容にそろえることが必要である．場合によっては単位を付けることも必要になる．よくできた図表とはそれを見るだけで，研究結果が類推できるような図表である．わかりやすさと，見た目の質の高さの双方に細心の注意を払うことが重要である．

8.1 table/表

table/表に関してはとくに知られていないことが多いようである．次に心理学の英語論文における表作成の注意点を挙げる．

- 英語論文では table は文字・記号と横罫線だけで作成される[*1]．縦罫線を使用してはいけない．表 8.1 が横罫線のみを用いた正しい table で，表 8.2 が縦罫線を使った誤った table である．

表 8.1　横罫線のみの正しい table

	n	M	SD
Large	31	7.99	3.52
Small	30	6.45	3.17

表 8.2　縦罫線が使われた誤った table

	n	M	SD
Large	31	7.99	3.52
Small	30	6.45	3.17

- 同一の内容（対象者，条件，要因，変数，尺度など）に対する結果はなるべくまとめる．別々の table/表の表側・項目[*2]や表頭・見出し[*3]に同じ内容が繰り返されないようにするということである．これは表の内容を理解させやすくするためと，印刷スペースを節約するための 2 つの理由からである．
- 実験や条件，あるいは対象群などで分けて，同じ内容に対する結果を表示するときには，各表を同じ構造にして，比較が容易にできるようにする．
- note/注をうまく使って，簡潔さとわかりやすさを両立させる．表に対する注は表の直下に記載する．表に対する注には（1）Note. と書いて，そのあとに続けて書く，表全体に対する注，（2）上付きの小文字アルファベットを付ける，表の中の特定の部分や要素に対する注，（3）アスタリスク（*）などの記

[*1] 日本語の論文でも同じである．
[*2] 行の項目・カテゴリー名，$i \times j$ マトリックスで言えば，各 i の名称のこと．
[*3] 列の見出し・カテゴリー名，$i \times j$ マトリックスで言えば，各 j の名称のこと．

号を用いて統計の有意性を示す注，の3種類を使い分ける．
最後に代表的なtableの例を表8.3に示す．

表 **8.3** Means and *SD*s of words per sentence of
1 to 3 graders in East and West schools

Grade	Males			Females		
	n	M	(SD)	n	M	(SD)
		East School				
1	60	3.63	(1.23)	59	4.34	(0.98)
2	52^a	5.67	(0.98)	57	5.96	(1.56)
3	71	11.33	(1.57)	79	12.45	(1.93)
		West School				
1	79	4.34	(1.04)	71	5.45	(1.29)
2	55	4.23	(1.23)	52	5.23	(0.91)
3	63	9.45	(2.01)	69	10.92	(1.93)

Note. SD = Standard Deviation for a population (σ).
^{a} Three students for the cell were absent for the data collection.

8.2　figure/図

figure/図とは表以外のすべての図版である[*4]．グラフだけではなく，写真もイラストも，刺激の現物も，フローチャートも，実際に使用したレイアウトされた質問紙もすべてfigure/図である．すでに述べたようにtable/表には縦罫線は使えないので，どうしても縦罫線を使わなければ表現できない表もfigureになる．

　table/表にはタイトルを付けるが，figure/図にはタイトルは付けずに，キャプションを付ける．タイトルとキャプションの違いは，タイトルは表の上に付き，キャプションは図の下に付くということだけではない．タイトルは題であるが，キャプションはfigureの内容を説明する「文・文章」である．したがって，表の後ろにはピリオド（"．"）を付けないが，図のキャプションは文なので，ピリオドを付けて終わる．また表には注を付けることがあるが，図に注を付けることはまれであり，キャプションで必要な情報をすべて説明するようにする．

[*4]　例外として，文章から別に表示された数式だけは図ではなく別の扱いになる．

キャプションはタイトルではないので数語で終わってしまうのは，多くの場合には短すぎである．無理に長くする必要はないが，必要な場合には複数の文で何行かになってもかまわない．

基本的には figure は白黒で作成する．ある種の知覚実験の刺激や生理心理学の脳イメージなど，多色やフルカラーでの提示が非常に望ましい場合には多色やフルカラーの figure を用いることが可能な場合もあるが，その場合には特別な費用負担を求められることがある．しかし，最近はジャーナルの HP/ホームページ上での掲載や pdf ファイルでの reprint/別刷りでは費用負担なしでフルカラーが使えることもある．

まず figure として一番基本的な棒グラフと線グラフを作る場合の注意点を以下に挙げる．

- 横軸（x 軸）に示す変数がカテゴリーの場合には棒グラフを用い，連続量の場合には線グラフを用いるのが基本である．しかし慣習的に分散分析の結果の場合には，横軸が連続量ではなくカテゴリーとなる条件を持つ要因になる場合でも線グラフを用いることがある[*5]．したがって，先行研究や類似する研究の論文をよく確認して，その研究領域やジャーナルにおける慣習的な形式のグラフを作成するという配慮も大切になる．
- グラフにはなるべくシンプルなデザインを使う．不必要な立体，3D 表現は避ける．背景や外枠を付けない．目盛り線は不要である．
- グラフは基本的に色は白と黒のみを使用し，3 つ以上の条件やカテゴリーを区別する必要がある場合には，白と黒だけの斜め線などの単純で，細かすぎない模様・パターンを用いる．細かすぎる模様は印刷の際にきれいに表現されないことが多く，見た目が悪く，また判別もしにくくなる．
- グラフ中の数値や文字は十分に大きなサイズを用いる．使用可能な，あるいは望ましいフォントの種類にはジャーナルごとに指定があるので，それに従う．
- 数値や軸の意味が一目でわかるような説明を付ける．必要に応じて数値の説明をしたり，単位を明記することが必要である．

[*5] 分散分析の結果を線グラフで示すことがあるのは，2 要因の分散分析の結果を 1 つの要因の水準を横軸上にとり，もう 1 つの要因の水準を 2 種類以上の線で表現した場合に，交互作用の形が視覚的に理解しやすいからだと思われる．つまり，複数の線が平行か，交差するか，どちら向きに開くかなどのパターンから，交互作用の形が理解できるからであろう．

■ 平均値を示している箇所の上，あるいは上下に bar/バー，あるいは error bar/エラーバー[*6]を付けることがあるが，その場合には，それが何の数値を示しているかを明示する必要がある．そうしたバーが示す可能性がある数値として，standard error（SE）/標準誤差や信頼性区間，あるいは standard deviation（SD）/標準偏差などがあるので，説明がない場合には読者にはどれであるのかが判断できない問題が指摘されている（Belia, Fidler, Williams, &

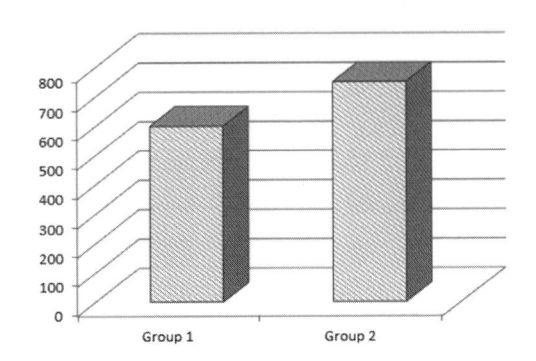

図 8.1 悪いグラフの例．不必要な立体表現がされている．グラフの棒が細かい模様で塗られていて見苦しい．縦軸（y 軸）の単位が示されていない．目盛線が描かれている．小さすぎる数字や文字が使われている．

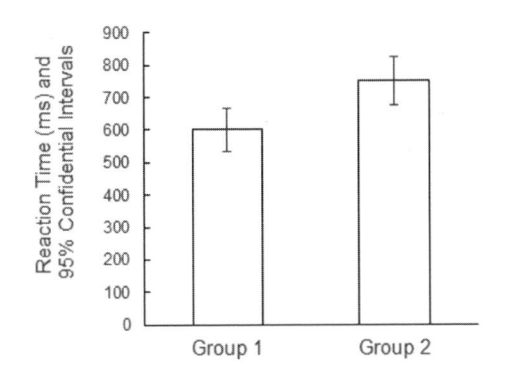

図 8.2 グラフの基本例 1．y 軸の横に数値の説明と単位が書かれている．そこにバーが 95%信頼性区間であることが明記されている．

[*6] 研究者によっては，信頼性区間を示すものも含め，すべての bar/バーを error bar/エラーバーと表現することもあるようである．

Cumming, 2005).

図 8.1 から図 8.4 に棒グラフの悪い例と,棒グラフと線グラフのよい例を挙げる.ここで 1 つ注意してほしいことがある.グラフの目盛の向きである.図 8.2 と図 8.4 は縦軸の目盛が内向きだが,それ以外は外向きになっている.日本

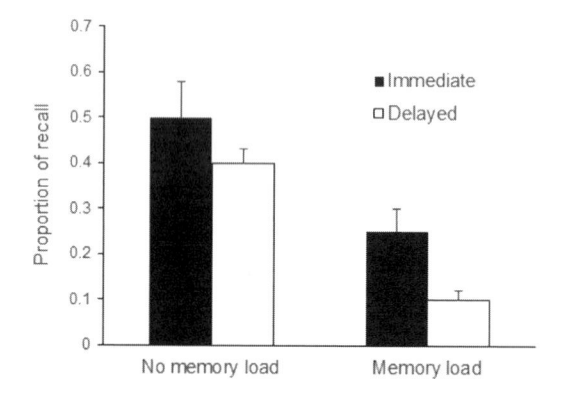

図 8.3 グラフの基本例 2. 縦軸の横に数値の説明が入っている.違う条件のグラフの棒を白と黒だけを使って塗り分けている.ここではバーは標準誤差のエラーバーが想定されているのでキャプションに "Error bars represent standard errors." などと記載することになる.

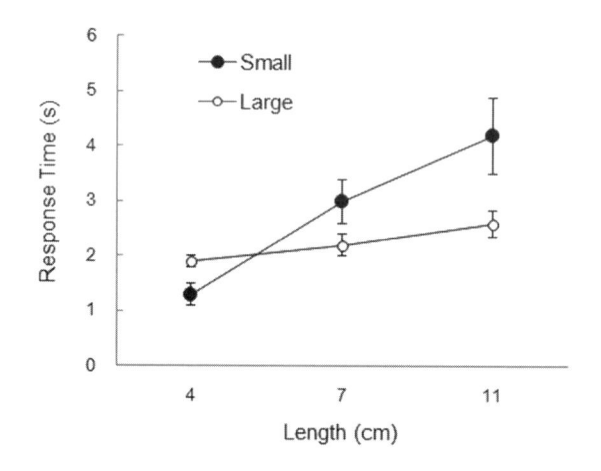

図 8.4 グラフの基本例 3. 横軸と縦軸の両方に数値の意味と単位が説明されている.ここでのバーは 95%信頼性区間なので,キャプションに "Bars represent 95% confident intervals" などと記載することになる.

心理学会の論文投稿規定では「グラフの目盛は内向きにする」とされているので，それに従えば図 8.2 と図 8.4 が正しい目盛の向きになる．しかし，その他の多くのジャーナルでは目盛の向きは決められていない．実際，英文の心理学ジャーナルを確認してみたところ，どちらの目盛の向きも使われていたが，外向きの割合のほうがやや多い印象であった．したがって，ここでは，目盛が内向きのグラフと外向きのグラフのどちらも例として挙げた．

　日本心理学会の英文誌である *Japanese Psychological Research* に投稿する際には，目盛は内側にするべきであるが，それ以外であれば，目盛の向きは気にしなくともよいようである．とくに，特定の統計処理ソフトなどが出力したグラフの目盛が外向きで，変更ができない場合に，目盛の向きの変更が容易なソフト，たとえば Microsoft 社の Excel で，内向きの目盛のグラフを作り直す必要はないと思われる．

　棒グラフと線グラフ以外のグラフもいろいろと使用されることがある．たとえば，2 変数の散布あるいは因子分析の因子負荷量・構造や MDS の結果の 2 次元あるいは 3 次元空間での表示などは比較的よく目にするものである．しかし，円グラフやレーダーチャートなどはほとんど見かけないので，使用しないほうが無難である．

　グラフ以外の figure/図として注意が必要なものに写真がある．写真を使用することは具体的な実験場面や装置，あるいは文字では表現しきれない刺激や結果を表示するための効果的な手段であり，積極的に取り入れていい．しかし，質の高い写真を使用しない場合には，論文の評価を下げる逆効果になりかねない．写真を準備する場合に印刷された状態を想定することが大切である．まずサイズはかなり小さくなるので，そのサイズに縮小した際にちゃんと見える写真であることが必要である．縮小した写真では細部は見えにくくなるので，あまり複雑な写真は縮小できない．細部を表示したい場合には，トリミング[*7]をしたり，初めから接写して，拡大しておくことが必要である．そうしたことを考えると，すでにある写真を使用するのではなく，論文に掲載するための写真を特別に撮影するほうがいい．

　また，写真の表示は基本的に白黒・グレースケールになるので，投稿する写

[*7] 写真の一部を切り抜くこと．

真はあらかじめ白黒に変換しておくことが望ましい．白黒に変換すると，多くの色はグレーになり，とくに縮小した場合にははっきりしない写真になりがちなので，画面の明るさやコントラストを調整して，見やすくしておくことも必要になることが多い．

現在はほとんどの写真はデジタルだと思われるが，デジタル写真画像の場合には，拡大・縮小やトリミング，白黒・グレースケールへの変換，明るさ，コントラストの修正はソフトを使えば簡単にできる．OS[*8]に付属の写真提示ソフトでもほとんどのことができるだろう．より複雑な処理にはAdobe社のPhotoshop・Photoshop Elementsなどの専門の画像処理ソフトを用いることが必要になる．

しかし，画像を処理することにも注意が必要である．画像を処理することで「結果を著者に利益となる方向に誘導してはいけない」．たとえば画像で示された結果の中のうまくいかなかった部分をトリミングしたり，一部のみを選択的に画像処理をしたり，あるいは効果を強調するために過剰にコントラストを高めるようなことを行ってはいけない．あくまでも画像処理は印刷物としての質を高めるための手段であり，結果や解釈に影響を与える処理は不当な手段である．とくに意図的に著者に有利な方向に画像を処理することはデータメイキングとみなされる不正な手段である．それは研究倫理に違反し，発覚すれば重いペナルティを課せられることになる．

グラフと写真以外でfigureとしてよく見かけるものとしては，共分散構造分析・構造方程式モデリングやパス解析のパス図やタキストスコープなどの刺激提示装置で提示される刺激の順序を示した紙芝居のような図があるが，いずれも複雑なイラストになるので十分な労力を払って，見やすく質の高いものを描画する必要がある．また，写真と同様に，印刷される際に縮小されることを考慮に入れ，文字が小さすぎたり細部が複雑になりすぎないようにする．

繰り返しになるが，どのようなfigureであっても投稿先のジャーナルの典型的なスタイルをお手本にすることが確実な手段である．ジャーナルごとにfigureのスタイルはずいぶん違うものである．基礎的な領域，とくに知覚・応用認知心理学系や生理心理学系のジャーナルでは洗練された，さまざまなスタイルのfigureが多く使用されているが，ほとんど昔ながらの棒グラフと線グラフしか

[*8] WindowsやMac OSのこと．

掲載されていないジャーナルもある．とくに必要な場合を除いて，基本的には投稿先のジャーナルの慣習や典型にならってfigureは準備するようにしよう．

Chapter 9
投稿の準備

9.1 どのジャーナルに投稿するか

　書き上げた論文の投稿先を決めるためのもっとも素直な方法は，論文の内容にもっとも合ったジャーナルを選ぶことである．研究をするにあたっての直接の先行研究や参考にした先行研究がたくさん掲載されていたジャーナル，あるいは一番多くの引用をした論文が掲載されていたジャーナルを投稿先に選ぶというのは自然で正しい選択法である．

　この他に，載せたいと思うジャーナルに投稿するという判断基準もあるだろう．たとえば，心理学全体，あるいはその専門領域で有名な，評価の高いジャーナルに論文を掲載したいというのは誰でも考えることだろう．さらに有名で評価の高い，レベルの高いジャーナルでは，水準以上の研究者がreviewer/査読者になることが多いので，評価の内容も質が高く的確なものになる．したがって，かりに最終的に掲載されなかった場合でも，査読の結果や投稿した論文に対するコメントはとても勉強になり，その後論文を書き直す際にとても有益な指針になる．一方で，レベルの高いジャーナルは，投稿数も多くなるために，審査の基準は高くなり，accept/採用される確率は低くなる．この後の10.2.2項にジャーナルのレベルを判断するいくつかの基準に関して記載してあるが，こうした基準などから判断してレベルがとても高いとされるジャーナルでは，「7.2 分析対象」で示したように，30%以下の論文しか最終的に掲載されず，とくに競争が厳しいジャーナルでは20%以下の場合もある．

　こうした内容のふさわしさ，載せたさ，載りやすさなどを考えて，最終的な選択をすることになる．正解はないので，それは自分で，あるいは指導者や信頼できる人とよく相談して決めることになる．しかし，なるべくすぐに掲載されたいからレベルや競争率の極端に低いところを選ぶというのは，必ずしも正

解ではない．レベルが低いジャーナルでは，運営が不安定・不透明なところもあり，査読の過程がスムーズにいかず，必要以上に時間がかかってしまうことがある．また，そうしたジャーナルで論文が採用されなかった場合には，次の投稿先を探すことが難しくなることもある．なにより，論文に不釣合いな低いレベルのジャーナルに掲載された場合，その論文が本来受けるべき評価を受けられないことになるかもしれない．

一方で，論文のレベルに明らかにふさわしくない，高すぎるレベルのジャーナルに投稿することにも問題はある．不採用になることは承知で，一流のreviewer/査読者から質の高い問題点の指摘やコメントをもらうことを主な目的として，レベルの低い論文を投稿した場合には，ジャーナルの編集担当者から投稿者の見識・倫理観や能力を疑われかねない．そうした行為が目立った場合には，その後同じジャーナルに投稿した論文が正当な評価を受けにくくなるかもしれない．そのジャーナルに掲載されている典型的な論文の質や実験や研究の量・数[*1]などをよく確認して，「明らかに」そのジャーナルの標準に達していないと判断した論文の場合には，その論文をそのジャーナルに投稿することはあまり上策とは言えない．

こうして考えると，やはりあまり無理な策は弄さずに，なるべく論文の内容にあった，論文のレベルにふさわしい，つまり投稿することが自然だと，自他ともに思えるジャーナルを選んで投稿することがいいだろう．しかし自分の論文のレベルを判断することは簡単なことではないので，慣れないうちは指導者や経験のある研究者に，論文の投稿先としてそのジャーナルがふさわしいかどうかをよく相談するようにしよう．

9.2 投稿先のジャーナルの形式に合わせることと一応調べておくべきこと

論文が完成したら投稿の準備をすることになる．心理学の多くのジャーナルは基本的には APA（American Psychological Association）のスタイルや形

[*1] 論文に必要な実験・研究の最低数を規定しているジャーナルもある．ない場合でも，掲載されている論文のほとんどが複数の実験・研究を含んでいるジャーナルに，1つの実験・研究の論文を投稿することはあまりいい判断ではない．

式に準じているので，APA の論文作成マニュアル（American Psychological Association, 2010）に示されているスタイルで論文を書いておけば大きな変更は必要ないことが多いが，細部には違いがあることがあるので，投稿先のジャーナルの執筆規定を確認し，必要に応じた修正を行う．APA 系ではないジャーナル，とくに北米以外で運営されているジャーナルでは note/注の扱い（脚注と後注の扱い）や各 section/章や subsection/節の記載法（通し番号の有無や太字，インデントの扱いなど）には違いがあることがあるので注意する．

最近の多くのジャーナルでは統計結果の効果量や信頼性区間の記載を要求しているので，その点についても確認し，まだ算出していない場合には，必要に応じて算出しておくことが必要である．また，検定結果の p 値の記載法に関しても慣習的には特定の有意水準（1, 5, 10% など）との大小関係のみを記載することが多かったが，近年は効果量的な解釈を可能にするために，具体的な数値を記載することが推奨されているので，執筆要綱や実際にそのジャーナルに掲載されている最近の複数の論文を確認し，必要に応じて，その規定や動向に合わせた記載にしておく．それ以外にも，統計に関する記載にはいろいろな決まり事があるのでよく確認しておくことが必要である．

また，英米のジャーナルのほとんどは「学会員[*2]に限る」のような投稿資格を設けていないが，それ以外の国ではわからないので，調べておくことが必要である[*3]．英米には審査料・投稿料・掲載料を必要とするジャーナルもほとんどないが，一部何らかの形で経費がかかるジャーナルがあるので，それも確認しておくほうがいい[*4]．

[*2] そもそも欧米では，多くのジャーナルは学会誌や機関誌そのものではない．対応関係があることは多いが，会員全員に自動的に送られるというようなものではない．

[*3] ご存知のように日本のジャーナルはほとんど投稿資格があり，第一著者だけではなく，著者全員が学会員であることを要求するものもある．国内英文誌も同様である．

[*4] 一定部数以上の reprint/別刷り（自分の論文部分だけを印刷した冊子のこと）を依頼する場合には，部数に応じた経費が必要なことがあるので，欲しい人はこれは覚悟しよう．かつては，他の研究者からの手紙・はがきによる請求に応じて，reprint を郵送するということが広く行われていたが，現在は e-mail で請求を受け，pdf ファイルを電子的に送ることがほとんどなのでそうした用途はすたれた．pdf ファイルの形式での論文は，ジャーナルに印刷される前に web 上に発表されることも多くなってきた．現在 reprint が一番用いられているのは，就職への応募書類の一部として同封するというときではないかと思われる．しかし，この用途でも pdf ファイルを印刷すればいいと思えば，reprint の使命はそろそろ終わりなのかもしれない．

9.3 cover letter/同封する手紙の書き方

　論文の投稿時，再投稿時には必ず editor in chief/編集責任者宛の cover letter/添え状を同封する．最初の投稿時には，たとえば "Please consider my manuscript 'Influence of image of places on residential location choice' to be published in Journal of Environmental Psychology." のように書いておけば十分である．以前は，同封しますという記述（"please find the manuscript attached"）やこの文の後に table や figure の個数を示したりしていたが，電子投稿では原稿や図版が紛失することもないので，こうした記載はすでに不要であろう．

　再投稿時には，こうした定型文に加えて reviewer/査読者のコメントや指摘に対して対応した方法や修正点について記載した文章（response to reviewers）も作成し，同封する．これは日本のジャーナルに再投稿する際も同様であるが，日本国内で標準化しつつある，Microsoft 社の Excel を用いたコメントと修正内容の一対一の対応表が英語のジャーナルに対しても必要だとは思えない．少なくとも一般的ではない．作成していけないということはないと思うが，一般的にはそれぞれの reviewer/査読者のそれぞれのコメント・指摘に対してどう対応したかを記載すればいい．その際，reviewer/査読者の指摘に対して，"Thank you for pointing this out."，"I appreciate this suggestion." などとも書いておこう．

9.4 二重投稿と分割投稿の禁止

　二重投稿が禁止であることはよく知られているだろう．念のため説明するならば，二重投稿とは同じ研究論文を 2 箇所以上のジャーナルに投稿することである．同じ研究論文とは，同じデータを用いた，同じ内容の論文のことであり，文章が違っていれば，複数のジャーナルに投稿しても二重投稿にならないわけではない．また，重なる時期に，同じ内容の論文を複数のジャーナルに送り，どれかが accept/採用や肯定的で今後の見通しがよさそうな評価を得た段階で，他を取り下げるということももちろん許されることではない．それは，この後に説明する，不採用の後に他のジャーナルに再投稿をすることとは全く違う話

--- ***Column*** ……分割投稿とサラミ論文 ---

　分割投稿というのは英語の salami slicing・salami publication のことである.
　salami slicing とはサラミソーセージを 1 本盗むとすぐにばれるが,多くのサラミから 1 枚ずつ盗んだ場合には,1 本分盗んでもばれないということに由来した言葉で,発覚しないように小さな横領や悪事を積み重ねることを意味している.学術領域では,隠そうとしている悪事であることとサラミをスライスして分けることからの連想なのか,まとまっている内容の論文を分割して投稿・公刊することを意味している.
　学術における salami slicing は日本語でもサラミ論文,サラミ投稿と訳されることがあるが,知らない人には何のことかわからないので,ここでは分割投稿としてみた.しかし,この問題は近年話題になることがしばしばあるので,サラミ論文・サラミ投稿でも多くの人に通じるようになる日は近そうである.

である.すでに述べた剽窃やデータメイキングとならぶ研究者の犯す最悪の罪のひとつであり,発覚した場合のペナルティは極めて重い.

　分割投稿(コラム「分割投稿とサラミ論文」も参照)とは 1 つの論文を複数の論文に分けて,成果(論文数)の水増しを図ることである.これも二重投稿と同じように,不正に成果を増やす方法とみなされる.ここで許されないのは,明らかに 1 つの論文として発表できる,すべき内容を分割して複数の論文化する場合である.「明らか」という表現はあいまいであるが,典型的には ABC の 3 条件を設けた実験において,A と B の比較と A と C の比較を別々の論文にするようなことである.二重投稿と違い,どこからが分割投稿なのかの明確な定義は難しいが,当該研究領域の常識と研究者としての良識で判断して,不自然な形にデータや研究を分割した論文を作成しないことが必要である.判断に悩んだときは,指導者や先輩研究者と相談しよう.グレーゾーンだと思ったらやめておくことが,先々よい結果になると思おう.自分に恥ずべき行為を自制できない研究者が,短期的には頭角を現すことがあっても,長期的に評価される研究者になれるとはとても思えない.

Chapter 10
再投稿の準備

10.1 revision/書き直しの心構え

　投稿論文のほとんどは revision/書き直しか reject/不採用の評価を受ける．いきなり accept/採用される論文はほとんどない[*1]．つまり revision は悪い評価ではなく，むしろよい評価である[*2]．revision は論文が掲載されるための必須の過程であると考えるべきである．

　しかし，revision/書き直しは楽しい作業ではない．そもそも，必死に書いてようやく完成し，一息ついた原稿を書き直すことを考えるだけで，気力が萎えそうになる．reviewer/査読者のコメントは厳しく，その要求に応えるのは不可能に近いほど困難に感じる．あるいは，コメントを理不尽に感じたり，reviewer/査読者が間違っていると感じたり，実際に間違っていることもあるだろう．

　だが，やるべきことは reviewer/査読者のコメントにしたがってただただ書き直すことだけである．この段階に至ったら，もう「ストーリー」という話はある程度忘れてもいい．reviewer/査読者が書けということを書くのみである．reviewer/査読者のコメントにすべて従ったら，自分の書きたい論文にならないと感じても，そのこだわりは忘れよう．自分の書きたいことは査読のない本などに書き，査読論文というものはreviewer/査読者との共作なのだと思おう．査

[*1] 少なくとも，自身の関係した論文で経験したことはないし，直接知り合いから伝聞したこともない．また，査読をしてきた経験の中で，そういう評価をしたこともないし，別の査読者がそうした評価をしたということもない．したがって，心理学関係の論文では，複数の査読者がそろって投稿論文をいきなり accept/採用とするのは大目に推定しても 5%以下，もしかすると 1%以下なのではないだろうか．

[*2] と言っても revision にもいろいろな程度があり，ほとんど校正だけ求められる revision から，ほぼ reject だが，根本的な書き直しによる劇的な改善可能性を信じての revision までがある．こうした程度は時により，そしてジャーナルによって異なる．しかし，一番多いのは，コメントの通りに書き直すことができれば accept しようと思っているという revision だろう．

読論文をたくさん載せれば，自由に書ける原稿を書く機会も増えると思おう．
　reviewer/査読者の指摘に応えて修正するのが難しいと感じたら，その部分を削除してしまうという手もある．もちろん削除できないような内容もありうるが，削除可能な部分，たとえば主要ではない分析や解釈，主張や意見であれば，reviewer/査読者が疑問に思うところは思い切って削除してしまうのが確実に問題を解決する方法である．

　reviewer/査読者の指摘が明らかに誤りという場合には，上に説明した論文とともに送る reviewer/査読者のコメントや指摘に対しての回答（response to reviewers）（「9.3 cover letter/同封する手紙の書き方」参照）の中でそう反論すべきだという意見もあるが，日本人が英語で reviewer/査読者の誤りを論駁することは簡単なことではない．したがって，その代わりに内容を変えずに，文章だけ適当に変更した上で，reviewer/査読者の指摘にそのまま従わなかった理由を説明する．この際に reviewer/査読者の誤りを明確に指摘するというのはよろしくない．人は誰しも人に誤りを指摘されることは不快であり，とくに自分の専門的能力が問われるような指摘を楽しく受け入れることはできない．あくまでも，見解の相違，視点の違い，あるいは優先順位や可能性の中の選択肢の選び方の相違などの問題として，reviewer/査読者の指摘に従わなかった理由を説明しておこう．そして，指摘やコメントには勉強になったと感謝を伝えておこう．reviewer/査読者を不快にさせていいことはひとつもない．また誤った指摘だからといって全く無視して，何も修正・変更をしないというのは，reviewer/査読者の反感を買うので，厳禁である．すべてのコメントや指摘に対して，必ず何かするのが原則である．論文全体の論旨やストーリーが破綻しないのであれば，かりに reviewer/査読者の指摘が誤りで自分が正しくとも，その部分は削除してしまうというのも一案である．繰り返しになるが，この段階で大切なのは論文が accept/採用されることであり，論文のストーリーやあなたの主張，ましてプライドや美意識ではない．

　また，大事なポイントとして，revision では reviewer/査読者の指摘やコメントに応えることを超えた修正をしたり，新しい内容を付け加えてはいけない[*3]．

[*3] 同時に，reviewer/査読者も 1 度目の査読で指摘していない問題点を，再査読時に初めて指摘することがないように求められている（ことが多い）．つまり，再査読は修正箇所に関する評価・判断をするべきであり，元からの内容に対する新たな指摘や要求をしてはいけないということが

revision は reviewer/査読者の指摘やコメントに応じた修正と削除を行うことであり，分析であれ，考察であれ新しい内容を付け加えた場合には，そこがまた新たな査読の対象になってしまう．場合によっては，書き直しの回数が増えてしまうことになりかねない．revision と判断した reviewer/査読者はすでに，その時点の論文の内容が潜在的に accept されうるレベルにあると判断しており，あくまでも問題のある部分が reviewer/査読者の指摘に応えて修正されることを期待している．新しい内容は期待していないのである．reviewer/査読者の期待に応えるだけにして，reviewer/査読者に新しい労力，つまり新しい内容の理解と評価を強いないほうが好感を持たれる．

「1.4 なぜ査読者は厳しいのか」で書いたように，reviewer/査読者はボランティアで査読をしてくれているのであり，また論文を総合的に評価するのではなく，批判し，問題点を指摘することを期待されているのである．したがって，reviewer/査読者やそのコメントに対して反感を持ったり，落ち込んだりすることは無意味である．そもそも，批判や問題点は論文に対するものであり，著者に向けられたものではなく，ましてその人格や人間としての価値に向けられたものではない．忙しい中，論文を改善するためのコメントをくれた，場合によっては校正や英文の修正までしてくれた reviewer/査読者に感謝し，批判はあくまでもあなたにではなく，論文に対するものだと割り切り[*4]，さっさと書き直して再投稿するようにしよう．

10.2　reject/不採用になったらどうするか

　連絡が届き，その文面に unfortunately や regret, sorry などの言葉が見つかれば，それは reject/不採用の印である．そのまま e-mail をごみ箱に捨てたり，手紙を破り捨てて，すべてを忘れてもいい．しかし，あなたがもう少し建設的な人間ならば，別のジャーナルに再投稿することを考えるのがいいだろう．こうした reject された論文を別のジャーナルに再投稿することは，どんな著名な

　　原則である．
[*4]　一定の年齢になり，研究者としてある程度評価されるようになった後では，こうした割り切りをしたり，打たれ強さを持つことは難しくなる．若いうちから定期的に国内外のジャーナルに投稿をするようにして，いろいろと慣れておくことが大切である．

研究者でも恒常的に行っていることであり，恥ずかしいことでも，不適切なことでもなんでもない．Warren (2000) は，公刊されている30編の論文の背後には，100通のrejectを伝える手紙があり，もしもあなたが1ダースのreject/不採用を告げる手紙を持っていないのならば，あなたはまだこの道に入ったばかりなのだ，と述べている．revision/書き直しと同様にrejectもまた生産性の高い研究者にとっては日常的な出来事のひとつであり，それは，多くの論文の査読者を務めてきた研究者であっても同じことである．

それではまずrejectの理由をよく読もう．その理由によってその後の方針を決定する．

10.2.1　理由が「ジャーナルに合わない」のとき

rejectの理由として「内容が投稿先のジャーナルに合わない」と言われたときは，とりあえず文面通りに受け取ろう．レベルの高いジャーナルでは，質が低い投稿論文を婉曲に断る手段としてこの理由を用いることもありうると思われるが，多くの場合には実際に合わなかったと考えていい[*5]．この場合には，基本的に論文を修正せずに，「合いそうな」他のジャーナルに投稿しよう．

たとえば，基礎の性格が強いジャーナルに断られた場合には，応用的な性格が強いジャーナルに再投稿する，あるいはその逆もありうる．学際領域の論文では，領域の違うジャーナルに再投稿することも考えられる[*6]．また，専門性の強いジャーナルに断られた場合には，対象読者が広い，あるいはテーマの制限が緩い総合的ジャーナルも検討対象になるだろう．

10.2.2　理由が「質や重要性が十分ではない」のとき

「誌面が限られているので（つまり，競争が厳しいので），質や重要性から判断した優先順位が十分に高いとは言えない」という理由でrejectされた場合には，レベルを下げたジャーナルに再投稿することを考えることになる．この場

[*5] 合わないという表現には，(1) 読者の専門や興味と合わない，(2) これまで掲載されてきた論文とテーマや毛色が明らかに違う，(3) 適切な査読者を見つけることができない，などの理由が含まれる．

[*6] 環境心理学の論文を例にすれば，心理学系のジャーナルに断わられた論文を，工学系（建築・都市計画・ランドスケープアーキテクチャー系）や地理系のジャーナルに再投稿するということが考えられる．

合には，元の原稿のまま再投稿してもいいが，やはり reviewer/査読者や編集責任者が指摘してくれた問題点に関して，できるだけ修正を施した上で再投稿したほうが，採用される可能性は高まるだろう．

　この再投稿のケースを考えると，最初の投稿先にあまりレベルの高くないジャーナルを選んでしまうと，reject されたときにレベルを下げた次の投稿先が見つけにくくなるということが考えられる．しかし，審査の基準が高く，accept される可能性が極めて低い，レベルの高すぎるジャーナルに投稿することは時間の無駄になることもありうる[*7]．したがって，投稿・再投稿の際にはレベルをよく考慮することが必要である．また，論文のレベル・「格」とは完全に比例しないが，採用率も考慮していいと思う．採用率が低ければ，「質や重要性が十分ではない」と判断された論文はまた同じ理由で採用されないことになりがちだからである．それでは，どのようにして再投稿先のレベルを考えればいいのだろうか．いくつかの基準を挙げてみよう．

■ leading journals

　まず，各領域ごとに quality paper/とくに権威がある，レベルが高いジャーナルというものが，いくつか認識されているものである．心理学で言えば，APA 系ジャーナルのレベルが一般に高いが，それ以外にも領域ごとに権威のあるジャーナルが存在している．これらは，研究者を続けていれば，自然にわかるようになるとも言えるが，わからないうちは指導者や先輩などに聞けばすぐにわかるだろう．

■ 総合誌と専門誌

　一般的に言えば，その学問における総合誌・レビュー誌のほうが，領域ごとの専門誌よりも採用率は低めになる．

■ 学会の規模や歴史

　多くの会員のいる学会の機関誌・ジャーナルのほうが，小規模の学会の機関誌よりもレベルは高くなる傾向がある．そして学内・機関内のジャーナルや紀要の採用率はとても高めである．また，歴史の古いジャーナルのほうが，

[*7] もちろん，一番上のレベルのジャーナルからチャレンジしていくということを止めるわけではなく，アカデミックなキャリアや立場における状況がそれだけの時間の余裕を許してくれれば，つまり，学位論文や就職の条件を満たすための締め切りなどがないならば，たとえ reject されたとしても得るものは大きいかもしれない．

新しいジャーナルよりもレベルが高い傾向がある．
■ **刊行頻度**
　大まかな原則として年間の刊行回数が多いジャーナルはレベルが高い．つまり，刊行頻度が高いということは，多くの投稿があることを基本的に反映するからである．投稿数の多さは，掲載する価値があると判断する研究者の数を反映し，また高すぎる不採用率を緩和するために刊行回数が増えてきたと想像しても間違いではないだろう．年間の刊行回数が少ないことは必ずしもレベルの低さとは関係ないが，高いほうはかなり確実な関係があるようである．
■ **所属国**
　アメリカ（合衆国）のジャーナルのレベルが高く，イギリス（英連邦）のものが同等か，やや下になることが多い．それ以外の国では，カナダなどの他の英語圏のジャーナルのレベルがこの2カ国に続き，非英語圏の英文誌はその下になる傾向がある[*8]．また，研究者の少ない国・地域のジャーナルは採用率が高めになる傾向があるようである．しかし，領域ごとに盛んな国・地域というのが異なるので，一概にどの国・地域のジャーナルのレベルが高い，低いとは言えないところがある．
■ **インパクトファクター**（Impact Factor: IF）
　Thomson Reuters が運営する Web of Science という引用文献データベースに基づいて算出される，academic journal/学術ジャーナルの重要性を示す指数である．「7.2 introduction 実例分析」の中でも説明したが，インパクトファクター（IF）はジャーナルに掲載された論文の，公刊後2年目と3年目のデータを用いた年間平均被引用件数を示している．IF はジャーナルごとの指標であり，論文ごとに算出されるものではないことを再確認しておきたい．
　そもそも IF は論文の採用率やレベルとは関係なく，被引用の程度を示す指標であるが，近年は論文のレベルそのものを示す指標として認識されるようになっている．研究の最先端が明確で，多くの研究者が同じ方向で研究の速

[*8] しかし，自国に根付いた学問的な伝統のあるフランスとドイツに関しては，英文誌の事情はよくわからない．しかし，ある程度の歴史があり，ある程度の研究者人口がある国では，母国語で成立してしまう学界があるので，その場合には英文誌の需要は低くなる．

度を競っている理工系，とくに生命科学・医学系[*9]では，多くの研究者が特定の最新の研究成果を頻繁に引用することになるので，IF は全般的に高く，とくに重要な成果が発表される有力なジャーナルでは非常に高くなる．しかし，それぞれの研究者が別々の方向を向きがちな心理学系では，そうした特定の最新の論文への引用の集中は起こりにくいため，ほとんどのジャーナルの IF がそもそも低い傾向にあるのだが，アカデミズム全体風潮から考えれば，いまや IF の影響を免れることはできないだろう．

こうしたことから IF が高いジャーナルは，掲載する価値があると言えるのだが，必ずしもこれまでの常識的な評価とは一致していない．したがって，これまで必ずしもレベルが高いとは思われていなかったが，IF はそれなりに高いというジャーナルを見つけて投稿するというのも，ひとつの戦略ではある．

こうした基準を考えて，reject されたジャーナルよりも，少しレベルの低いジャーナルから再投稿先を選ぶことになる．しかし，この際に気を付けたいこととしては，reject されたジャーナルと関係の深そうなジャーナルを選ばないということである．関係の深すぎるジャーナルに再投稿してしまうと，同じ reviewer/査読者に査読が依頼されてしまうことになりかねない．その場合に，一度 reject/不採用にした同じ論文を，今度は accept/採用してくれると期待するのは難しい．各ジャーナルがどのくらい関係しているか，関係者がどのくらい近いかを判断するひとつの基準は，editorial board/編集委員会の委員を確認することである．そこに，重複が多い場合には人間関係として近いということが言える．editorial board/編集委員会の委員はジャーナルの裏表紙などに掲載されている．しかし，最近はどのジャーナルも人間関係だけではなく，インターネットで広く適切な reviewer/査読者を探し[*10]，知り合いであるか，学会員であるかどうかを問わず依頼する傾向が強まっているので，こうした人間関係の近さに対する配慮は意味のないものになりつつある．そろそろ気にしなくてもよくなってきたのかもしれない．

---

*9 ちなみに，数学やコンピュータ科学のジャーナルの IF は心理学を含む社会科学系のジャーナルの IF よりも低い傾向にある（Amin & Mabe, 2000）．

*10 出版社が同じジャーナルの場合には，ジャーナルを超えた共有の査読者候補のデータベースが作られていることがある．そこに登録されていると，見知らぬジャーナルからの査読依頼がよく来るようになるようである．

10.2.3 理由が「修正しにくい重大な問題」のとき

「論文にすぐには修正不可能な，重大な問題がある」という理由で reject された場合には，その問題を極力修正した上で，再投稿先を探すことになる．この場合には再分析や，新しい条件や対象の追加データをとるなど，研究そのものをやり直す必要があるかもしれない．そして，重大な問題を十分に解決した上で，再投稿先を探すことになる．この場合に別のジャーナルに再投稿することには何も問題がないのだが，reject されたジャーナルに再投稿することに関しては議論がある．

ひとつの意見は，一度 reject された論文を同じジャーナルに再投稿してはいけないというものである．これは，査読の過程はボランティア精神に基づく，社会的な義務による負担なのであるから，一度それを要求し，義務が果たされた論文が，再びそれを要求するのはおかしく，失礼であるというものである．もうひとつの意見は，完全に書き直した論文は，reject された論文とは全く別の論文なので，初めから査読をやり直してもらうのであれば，再投稿しても構わないというものである．このどちらの意見が正しいのかに関しては，判断が分かれるだろう．実際，いったん完全に reject された論文に対して，半年後くらいに直して再投稿しないのかという連絡を編集責任者からもらった経験もあるし，また reject された論文を書き直して，同じジャーナルに投稿して accept されたケースも知っている．しかし，いったん果たされた義務を，再度強いることは失礼であるという意見にも説得力がある．したがって，最終的には自己責任で判断してもらうしかない．reject であっても，コメントから reviewer/査読者や編集責任者からの儀礼的ではなく，本気の期待を感じられる場合，不足とされた分析やデータを追加した場合などで，ぜひそのジャーナルに掲載したい場合には，再投稿をしてもいいかもしれない．もしかすると，その熱意を評価してもらえる可能性はある．しかし，その場合でも採用率の低いジャーナルに再投稿することはやはり避けたほうがいいと思われる．そういうジャーナルは，なんであれ不採用の理由を探していると考えていいので，好意的に判断してもらえる可能性は低くなるだろう．

10.2.4 理由が「解決できない問題」のとき

どうしても reject/不採用の理由になった問題を解決できない場合には，反省

材料にして諦めよう．もちろん査読のないジャーナルや紀要に掲載することは可能なのだろうが，致命的な問題がある論文を発表することは，自身の研究者としての評価を考えるときにけっして得策ではない．しかし，査読付きのジャーナルに掲載されるほどの価値はないが，致命的な問題は解決した，あるいは研究的な過誤はない論文を公刊することには一定の意義がある．たとえば negative data/ネガティブデータ，つまり期待される効果や違いに有意性が得られなかった研究は査読付きのジャーナル，とくにレベルの高いジャーナルに掲載される優先順位は低くなる．しかし，効果や違いがないという結果は「間違った結果や知見」ではないので，publication bias/出版バイアス[*11]を考えた場合には，公刊しておく価値はあると言える．

くわえて，以前はこうした査読のないジャーナルや紀要は普及の程度（circulation/大学・研究機関・図書館などで購入している程度）が低いために，多くの目に触れる機会が少なかったのだが，近年はインターネット上に公開されていれば，紙媒体の circulation には関係なく，容易に検索され利用されるようになった．また，学部学生の多くは，掲載されている媒体（ジャーナル）のレベルというものをほとんど意識せずに，インターネット上の論文を利用しているようである．こうした意味では，「研究として間違っていない」のであればどんな論文でも，とくにインターネット上に，公開しておく意味はあると言える．

10.2.5　また reject/不採用になったらどうするか

違うジャーナルに再投稿した論文がまた reject されたらどうするのか．それは，このプロセスを，論文がどこかに accept/採用されるまで，繰り返すだけである．個人的には1つの論文をいろいろな理由で，4つの違う英文のジャーナルに reject され，5つ目に accept されたことがある．しかし，5つ目のジャーナルも海外の英文誌であり，けっして低いレベルではなかった．論文の採用，不採用にはジャーナルとのある種の相性や reviewer/査読者や編集責任者との巡り合わせもあるのだと思って，根気よく粘り強く，諦めないことが肝心である．

[*11] 結果の出た研究と比べて，結果の出なかった研究は論文として採用されにくいというバイアスのこと．publication bias の結果，公刊されている論文を対象に meta analysis/メタ分析をした場合に，効果量が過大推定されることになる．

Chapter 11
よくある質問と答え（Q and A）

　心理学を専門とする大学院生や比較的若手の研究者に，この本に書かれた内容やその他の英語の論文を書くことに関する質問（Question：Q）を求めたところ，以下のような質問が集まった．こうした質問は読者も共有する可能性が高いと思うので，答え（Answer：A）とともに掲載してみよう．なお，質問の表現は適宜変更を加えている．複数の者からの質問をまとめたものもある．著者が推測したありそうな質問もいくつか追加した．また，答えはあくまでも著者の意見で，唯一の正解というわけではない．各Aの後ろに本書中の関係する箇所の番号を付したので参考にしていただきたい．

11.1　文・文章・構成について

Q. 文を長く書くことに慣れていないのですが，どうしたらいいでしょうか．

A. まず省略している内容を書き足し，意味を正確に理解させ，一意に定めるために必要な情報や条件を書き尽くすことを考えます．また，強く関係する内容を1つの文にして，関係性を明示することを試みます．このようにすれば必然的に長い文ができてくると思います．すべての文を無理に長くすることが必要というわけではありません．必要な内容や情報が書き尽くされた文を水増しする必要はなく，むしろそれはやめましょう．短い文ばかりが並んでいる文章が知的な文章に見えないだけで，長い文と短い文が混ざることには問題ありません．　　　　　　　　　　　（☞ 3.1）

Q. 文が長くなりすぎたときには分割したほうがいいのでしょうか．

A. 長くなりすぎたという理由だけで分割はしないほうがいいです．1つの内容に関して，必然的に長くなる場合にはそのままでかまいません．短い文は読みやすい文ですが，正確な理解をしやすい文とは限りません．文が稚拙に長く読みにくい

のは問題ですが，単に長いので読解が困難になりそうだという心配はいりません．読むのは主にネイティブですから，書き手よりもずっと高い読解力も持っています．

(☞ 3.1)

Q. 冗長な文章と必要な量の匙加減(さじかげん)がわかりません．

A. 行間を読ませるような推測を求めたり，あるいは無条件に認めてくださいというような文章ではなく，相手の思考を細かく導いていくような，読者が論旨を確実に理解し，納得できる丁寧な展開をする文章を書いてください．冗長というのは同じ内容が，同じ形式や表現で反復されることです．同じ内容を違う表現で書くことや，具体性や概念化の抽象度の違いがある文が繰り返されることを常に冗長と考える必要はなく，むしろ必要な場合には望ましい方法です．

本当に冗長でくどい文章になってしまう危険性もあるのでやや乱暴な言い方だとは思いますが，日本人の英文がネイティブに冗長でくどいと感じられるほど饒舌で重厚になることはほとんどないので，そちらの心配はしないで文章を書きましょう．

(☞ 2.15, 3.9, 3.10)

Q. パラグラフを膨らませるためにはどうしたらいいでしょうか．

A. ひとつには具体性や概念化の抽象度を変えて言い直すことです．つまり，具体的な例を提示したり，具体的な説明を示すということがありますし，あるいは概念的な抽象度を上げて，まとめると，あるいは理論的に言えばこうした意味であるというような説明をすることもあります．また，解釈をしたり，示唆する重要性を指摘するなども考えられます．

とくに最後の2つの方法でパラグラフを膨らませると，たしかに内容的にはやや先走りになったり，置かれる位置が不自然に感じられることがありえます．しかし，そうした点が行き過ぎないように配慮すれば，構造の全体的調和，つまり各パラグラフの量的なバランスが整っていることの利点から，あまり内容の不自然さを感じさせないことができます．

(☞ 2.13)

Q. ストーリーを作る方法がわかりません．

A. ストーリーと言っても，楽しいお話を創ることが必要なわけではありませんし，引き込まれるような物語を書くことでもありません．この本でいうストーリーとは，(1) 主題が1つであること，と (2) 文章が関係を持って展開していくこと，の2つを意味しています．

「(1) 主題が1つであること」とは，目的に書かれた主題に関して論文全体が構成

されているということです．それ以外の内容に関しては，重要なものであっても書かないということです．「(2) 文章が関係を持って展開していくこと」とは，単なる羅列ではないということです．それぞれの文やパラグラフが関係を持ち，必然的な順番で展開していくことを意味しています．

　このような，読者が何を読んでいるかの理解が容易で，展開の予測が可能な構成を本書ではストーリーとよんでいます．もちろん，主張にあわせて，事実を歪曲したり，反証を無視した「お話」を作ることではけっしてありません．　　　　（☞ 2.4〜2.7）

Q. 論文を書き始める前にアウトラインは用意したほうがいいのでしょうか．

A. 少なくともアウトラインを考えておくことは必要です．アウトラインとは文章の構成の設計図で文章の内容の概略を順番に示したものです．短い論文であれば頭の中で考えるだけで，書き留める必要はないかもしれませんが，その場合でもどんなストーリーにするかの構想とおおまかな構成について事前に考えておくことは大切です．書き留めない場合には，時間が経つと忘れることがあるので，短時間に一気に書き上げることが必要です．

　ある程度の長さがある論文の場合にはアウトラインを書いておいたほうが楽です．ストーリー展開を覚えておく負担が減りますし，書きたい・書くべき内容の書き落としが減ります．ある程度全体が完成した後で，書き落とした内容を追加することは，自然なストーリーを破綻させる元になります．　　　　（☞ 2.4〜2.6）

Q. アウトラインはどのように作ればいいのでしょうか．

A. 詳しい目次のようなものを作ればいいと思います．しかし目次とは違い，他人に見せるものではありませんので，詳しさの程度や形式をそろえる必要はありません．語句だけではなく簡潔な文章を交えてもいいと思います．

　メディアとしては，コンピュータで作成しても，ノートとペンで作成してもどちらでもいいと思います．私はどちらも使います．outliner/アウトラインプロセッサは使っていません．ワープロのアウトライン機能もほとんど使いません．単にすべての内容を書いて並べるだけです．こうした「道具」に関してはいろいろ試しながら，自分にあうものを見つけるのがいいと思います．文章作成・アイデア創出支援ソフトを追求するのもいいと思いますし，万年筆やノートにこだわってみるのも楽しいかと思います．論文書きが楽に，楽しくなりそうであれば，何でもやってみてください．

Q. アウトラインを決めたら，その通りに書かなければいけないのでしょうか．

11.1 文・文章・構成について

A. 私の場合には完成した論文はアウトラインの構成・内容通りになるとは限りません．書いてみて，あるいは書きながら構成や内容は変化します．

　ある程度書いたのちに，パラグラフ単位での内容の移動をすることはよくあります．方法論や先行研究から採用した尺度や変数の説明を introduction/序論 と method/方法 のどちらに置くのかを変更することや，詳しくなり，やや主観的な解釈が入ってしまった実験や調査の結果を results/結果 から discussion/考察 に移すなどは珍しいことではありません．とてもうまく書けた「強力」な（説得力のある，あるいは興味深い）パラグラフがもっとも効果を発揮できる場所を探して，位置の調整をすることもあります．この場合も，introduction や discussion などの章（セクション）内でだけでなく章の間で移動させることもあります．書いてみて不要と感じたことを削除したり，必然的な必要性に気が付いたことを加筆することもよくあります．また，自分が書いている文章に触発されて，内容や構成が変化することもあります（次頁のコラム「論文を書くことによるアイデアだし」も参照）．基本的にはストーリーや大きな構成を崩さないように気を付けることが必要ですが，論文全体のバランスを調整していくことも大切です．

　こうして考えると，アウトラインは設計図ではなく，書くべき内容の暫定的一覧表のようなものと考えておくほうがいいかもしれません．

Q. introduction/序論 や discussion/考察 の前に，まず method/方法 と results/結果 を書くという方法を聞いたことがありますが，論文の各セクションはどのような順番で書いていくのがいいのでしょうか．

A. 好きな順番で書くのが一番いいと思います．少なくとも私は各章（セクション）を書く順番に関して指導を受けたことも，指導したこともありません．私自身は introduction/序論 から順番に書いています．短い論文に関しては書き始める前に細かいアウトラインまでは用意しないことも多いですが，その場合でも全体としてはどんな構成・内容にするか，あるいは必然的にどんな構成・内容になるかのイメージ・頭の中の大まかなアウトラインは作ってから書き始めますので，どこから書いても大体同じ内容になると思っています．論文を書く順番に関しては人それぞれではないでしょうか．書きやすいと思う順番に書くのがいいと思います．いろいろ試して，自分に合う方法を見つけられるといいと思います．

Column ……論文を書くことによるアイデアだし

　論文を書く，とくに英語・外国語で書くという行為はたいへんに頭を働かせる作業なので，普段よりもいいアイデアが湧きやすい状況である．
　自分の文章に触発された議論やアイデアの中でもとくに優れたものに関しては，その論文で使用せずに，今後のためにとっておくことも考えよう．とくにその論文のストーリー展開を乱すようなものについては，無理に入れるよりも，今後書くであろう論文や他の原稿のためにとっておくことが望ましい．あとで使えると思えば，その論文から削除することへの抵抗も減るだろう．またこうした書いてしまったものだけでなく，書かないまでも論文執筆中は，論文と関係のないいろいろなアイデアが湧く．そうしたアイデアを記録しておくことも心がけよう．アイデアというものはすぐに忘れてしまうものである．英語で論文を書くなどの知的作業をしていたら，思いつきをすぐ忘れることは確実である．
　こうして，1本の英語の論文を書くことで，次の研究や論文につながっていくサイクルを作っていくことが研究の生産性を高めてくれる．

11.2　引用について

Q. 引用する文献の数はどのくらいが適当でしょうか．

A. 実際の論文を見ると，数個と非常に引用文献が少ないものもありますし，200を超えるような引用文献が並ぶ論文も存在します．しかし，一般的には最低で20程度，平均で50から70程度だと思います．英語の心理学系ジャーナルの一般的なサイズのひとつであるA4（正確にはほぼ同様の大きさのUS Letterサイズ）2段組の紙面では，references/引用文献セクションの1ページあたりの引用文献数は50弱です．したがって，referencesの最低が1/2ページ程度で，この本の趣旨のひとつであるintroductionを充実させることを心がけるならば1ページ以上がひとつの目安だと思います．
(☞ 6.10)

Q. 引用の方法はどのように選べばいいのでしょうか．

A. 「6.10 references」にも書きましたが，まず (1) 引用する内容を自分（今書かれている論文の著者，あなたのこと）の言葉で書くことを考慮します．それでは表現しきれない場合には (2) 引用する文をパラフレーズすることを考えます．つまり元の文の一部の語句を同じ意味の違う言葉に換えたり，語句の順番を変えたりすることです．そうした方法を検討した上で，どうしても必要な場合には (3) 引用する文章をクォーテーションマークで囲ったり，引用であることがわかる形式にするなどし

てそのまま掲載する方法を用います．この順番は，なるべく原著者のオリジナルな表現を借用しないという原則に基づくものです．原著者の創造者としての権利を最大限尊重するということです．　　　　　　　　　　　　　　　　　　　　（☞ 6.10）

Q. 引用する文献はすべて読まなければいけないのでしょうか．

A. すべての引用論文を精読するというのは難しいとしても，少なくとも引用内容に該当する部分を確認することは必要です．こうした質問が意味することは，何かの論文の中である説明や事例のために引用されていた論文を，自分の論文の中で同じような説明や事例の引用論文として使う際にどうしたらいいかということだと思います．こうした引用の仕方や引用文献の用い方は現実にはありがちなことなのだと思います．実際，関連する論文を読み進めると，同じような説明や事例に関して必ず引用される論文があることがわかります．これは，何もない状況から重要性や適切さから同じ論文がたまたま常に選ばれるということではないと思います．

しかし，そうしたある種の形式化された形での引用は，時としてあまりにも引用元・出典の研究の知見・成果が単純化されすぎていたり，あるいはかなり引用元・出典の著者の主張や考えとはずれていることもあります．伝言ゲームではないのですが，繰り返し伝達されていく過程で，小さな変形が蓄積され，大きな歪曲になることがあるようです．こうした問題を避けるためにも，引用する内容に関して，引用元・出典に正確に何が書かれているかを確認することが必要です．

また，引用されている内容だけから判断して「誰々はこうした主張をしている，こうしたことを示しているが，これこれのことを言っていない，見逃している」と書きたくなることがありますが，引用元の原典を確認すると，言っていないと思っていた「これこれ」に関しても言及しているということはよくあることです．単に一番有名な知見や考えが引用の形で普及しているだけで，それ以外のことは引用されていないだけということはよくあることです．常に原典を確認しようとする一次資料主義は大事なことです．　　　　　　　　　　　　　　　　　　　　　　　　　　（☞ 6.5.2）

Q. 翻訳書がある著作・本は，翻訳書を読んで引用してもいいでしょうか．

A. 引用は原著・原書からします．効率的に全文を読むためには翻訳書を利用してもいいと思いますが，英語で論文を書く場合には，英語で書かれた文献であれば少なくとも引用箇所については原著を読むことが必要です．ひとつには研究者のモラルの問題ですが，もうひとつの理由は翻訳にあたって，意味やニュアンスが変化していないかを確認することが必要だからです．また，日本語に訳された用語を英語に戻す際に，確実に元の言葉にするためにも原典を調べる必要があります．

英語以外の言語の場合には，読めない場合に英訳書を読み，引用するという方法もあります．英訳書を引用することは英語圏ではあることです．日本語訳をそのまま引用してはいけない理由は，英語論文は英語圏のルールで書くことが原則だからです．

(☞ 6.5.2)

11.3 投稿について

Q. 投稿した論文が reject/不採用になった場合に，そのままの原稿を別のジャーナルに投稿することと，reviewer/査読者の指摘を修正してから別のジャーナルに投稿するのでは，publication/論文化を早めるためにどちらが有効な方法でしょうか．

A. reject/不採用の理由と reviewer/査読者の指摘の内容によって判断してください．「10.2 reject/不採用になったらどうするか」にも書きましたが不採用の理由が本当に「ジャーナルに合わない」のようなときは，そのままの原稿を他のジャーナル，とくに領域や方向性の違うジャーナルに投稿していいと思います．ここでも方向性とはとくに基礎的・知識探求指向か応用的・問題解決指向かということです．

質や重要性が理由で不採用になった場合には，納得がいくもの，とくにすぐに対応可能なものであれば査読者の指摘・コメントに従って修正することは論文の質を確実に高める方法だと思います．この場合，別の論文に投稿する前にそうした修正・書き直しをすることは評価を高めることが期待できるので，accept/採用される可能性は高まります．論文の質が高まれば再び不採用になる可能性を下げるので，publication/論文化までの時間を短縮するための方法でもあります．

しかし別のジャーナルに投稿する際に，reject/不採用の査読結果の納得のいかないコメントやすぐに対応できない修正の指摘に対しては必ずしも従う必要はありません．もちろん，すべての指摘には一理あるのかもしれません．しかし，無理な修正や変更をすることで論文の論旨・ストーリーが不自然におかしくなってしまっても，この場合別のジャーナルの新しい査読者にはその理由，つまり誰かの指摘に従っているということはわかりませんので，単に評価を下げる理由になりかねません．同じジャーナルで，同じ査読者が行う再査読とは事情が違います．

再査読で不採用になった論文を別のジャーナルに投稿する際にも同じような問題があります．その修正の経緯がわからない別のジャーナルの新しい査読者にとって理解しがたい追加・修正箇所は元に戻して投稿することが必要です．また，納得がいかな

かったが，不採用になったジャーナルの査読者の指示に従った修正箇所も元に戻すことを考えていいと思います．こうした作業を効率的に行うために，各修正段階のファイルはわかりやすい名前ですべて保存しておくことが必要です． (☞ 10.2)

Q. 投稿後，査読結果がなかなか戻ってこない場合にはどの程度待ってから連絡をとればいいでしょうか．

A. 一般的にジャーナルが示している規定では3ヶ月程度で最初の査読の評価が貰えることになっています．また reviewer/査読者には長くとも2ヶ月以内，場合によっては1ヶ月程度で査読を終えるようにとの指示がされることが多いです．こうしたことを考えれば，4，5ヶ月を超えれば査読結果を催促してもよさそうですが，実際の査読のプロセスの現実を考えるともう少し待ったほうがいいかもしれません．たとえば，査読者の候補を見つけ，承認の返事をもらうことにかなりの時間がかかることがあります．また，査読はボランティアですので強く催促したり，ましてや強制することはできませんので，締め切りを過ぎた場合でも，editor in chief/編集責任者と全く連絡がつかない状況にでもならない限りは，結果が出るのを待つしかないということになりがちです．そうしたことを考えると，7，8ヶ月がひとつの目安かと思います．

ちなみに問い合わせると状況はわかりますが，催促の効果はあまりないと思います．編集責任者は職務は果たしているので，ほとんどの場合それ以上の特別なアクションを起こしてくれるわけではありません．単にこちらが論文を取り下げるかどうかの判断の参考になるということではないでしょうか．

Q. 平均的には論文の投稿から accept/採用の決定までにどのくらいの期間がかかるものなのでしょうか．

A. 上のA/答えにも書きましたが，最初の査読結果が返ってくるまでに最短で3ヶ月前後，場合によっては10ヶ月から1年程度かかります．いきなり accept/採用という評価をもらえることはほぼありませんので，期待していい最良の評価である revision/書き直しだった場合であっても，論文を書き直して再投稿することになります．書き直しはできれば2，3ヶ月で済ませ再投稿しても，再査読の評価をまた待つ必要があります．再査読の評価は早くもらえることもありますが，それでも最短で1ヶ月程度，普通はやはり3ヶ月から遅ければ1年程度かかるかもしれません．さらに再々査読ということもありえないことではありません．こうした期間をあわせてみると，最短で6から9ヶ月で，そうした幸運を期待しないならば順調にいっても1年から1年半は覚悟しておいたほうがよさそうです．場合によっては2年以上かかる

Q. 初めて英語で心理学の論文を書く場合にはどのくらいの時間がかかるのでしょうか．

A. 私自身は留学時に最初の英語論文を投稿した際に，superviser/指導教官から投稿していいという許可をもらうまでに 6 回の書き直しをしました．原稿に直しを入れてもらった上で，いただいたコメントに従ってかなり根本的に構成や内容を加筆修正する書き直しです．期間は正確には覚えていませんが 1 年弱くらいだったと思います．この期間にデータ収集や分析などの実施時間は含まれていません．原稿を書いていた時間だけでです．

　私の指導する大学院生が英語で最初の論文を投稿する前には少なくとも 3 回は書き直しをすることが多いです．半年以上はかかることが多く，なんだかんだと 1 年程度になることは珍しくありません．最初の英語論文は，業績として研究成果を公刊するという意味と同等，あるいはそれ以上に教育的な意味合いがあると感じています．したがって，書くほうも直しやコメントをするほうも，十分な時間をかけて根気よく行うことが望ましいと思います．

Q. 投稿原稿はどんなフォーマットにすればいいのでしょうか．

A. 投稿先のジャーナルごとに決まりがありますので，そのジャーナルやホームページなどで投稿規程を確認してください．しかし，心理学とその周辺領域のジャーナルでは APA のスタイル（American Psychological Association, 2010）に従う，あるいは準じることが多いです．APA スタイルの原稿フォーマットを大まかに言えば，A4（あるいは US Letter）のサイズの用紙に上下左右最低限 1 インチ（2.54 cm）の余白を取り，文章は左揃えで，右側は揃えません．右側がぎざぎざになりますが，それが正式です．行間は double space/ダブルスペースにします．Microsoft 社の Word を用いた場合には，行間を固定値の 24 ポイントにします．日本語フォーマットの行間 2 行だと間隔が開きすぎるようです．

　本文のフォントは Times New Roman や Century などの字画の末端に短い線の飾り（たとえば T の足の下の部分についた短い水平線）がついた，手書き文字をイメージしてデザインされたフォントを用います．フォントサイズは 12 ポイントが標準です．図の中の文字には全体のデザインにあわせて，不自然にならない，目立ちすぎない，飾りのないフォント，たとえば Arial（Mac だと Helvetica）や Courier を使うことも多いです．

11.3 投稿について

Q. cover letter/カバーレター・添え状の書き方は論文の評価に対して何か影響がありますか．

A. あまりないと思います．投稿した論文と投稿先のジャーナルに掲載された論文との関係について言及するなどすれば，「ジャーナルに合わない」という判断をされる可能性を減らすというような効果が期待できるのかもしれませんが，「効果量」は小さいのではないでしょうか．

たしかに最初に論文を受け取り，reviewer/査読者を選択する editor in chief/編集責任者は，最終的な評価結果を決定する referee/レフリーでもあり，裁量権はとても大きいです．したがって，編集責任者とのやりとりには細心の注意が必要ですので，カバーレターはスペルミスがないように気を付け，決まり文句を書いておくということでいいと思います．余計なことをむしろ書かないことがいいのかもしれません．

(☞ 9.3)

Q. 英語論文を書くのは大変なので，モチベーションを維持するのが難しいです．どのようにしてモチベーションを維持すればいいでしょうか．

A. 英語で論文を書こうと思った当初の動機を思い出し，それが達成された際の利益や達成感を目指して頑張るというのがごく当たり前の答えですが，それ以外にも論文を書いていく過程そのものに喜びや楽しみを見出すことができればよりよいでしょう．英語で論文を書くような難易度は高いが解決可能な課題を達成していくことには知的な興奮と満足度が伴います．自らの能力を限界まで発揮すること，能力が向上していくことを確認すること，少しずつではあっても高度な達成が実感できることなどの経験を楽しんでみてはどうでしょうか．

(☞ 1.1)

Chapter 12
英語で心理学の論文を書くために必要なモノ

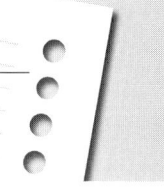

最後に，英語で心理学の論文を書くために必要なモノを挙げておく．

12.1 辞書と文法書

英和，和英，英英，thesaurus/類義語，collocation/連語辞書が必要で，しかも英和に関してはレベルや詳しさの違うものが数冊必要である．印刷物で買いそろえてもいいが，英語の専門的電子辞書を買えばすべて入っている．英和には学習用・大学受験勉強用の中辞典の他に，『リーダーズ英和辞典』『リーダーズ・プラス』か『ランダムハウス英和大辞典』が必要である．両方あると例文や用例を比較検討できるのでなおいい．

英語の文法書も1冊は持っていたほうがいいが，それは高校時代に使用した，使い慣れたものでいいかと思う．

12.2 コンピュータとインターネット環境

添削や指導を受けることを考えると，論文の執筆には校正機能が充実しているWord（Microsoft社）などのワープロソフトを使用するのが現実的である．エディターやTeXで書くと添削や指導がやりにくい．また，Googleなどの検索エンジンやインターネット上の辞書である「英辞郎（http://www.alc.co.jp/）」は用例やcollocationを確認するためにとても役に立つので，インターネット環境は必要である．非常に専門的な用語や最新の用語に関しては，紙の辞書では収録が追いつかないことがあるので，そうした場合にもインターネットでの検索は必須になる．

12.3　一定の英語力

　英文法を一通り知っていることは必要である．語彙としては学術論文・心理学の専門用語を知る必要があるが，初めは誰もが十分ではないので，調べつつ書きながら身につければいい*1．受験用のイディオムはほとんど不要である．アカデミックライティングは特殊技術なので，これまでの英語の能力や得意不得意とは比例しない．初心者は誰でも同じスタートラインだと思っていい．

12.4　よい研究

　研究の目的は「研究を行う」ことではなく「成果を挙げる」ことである．何かやったので論文にするのではなく，報告すべきことが明らかにされたので論文にする価値があるのである．論文にする価値がある研究がなければ，いくら知識や能力があっても accept/採用される論文は書けない．とりあえず一番大切なことは，よい研究を行い，報告する価値のある結果を得ることである．

　目的が明快で，方法はシンプルかつ緻密にデザインされた研究がよい研究である．先行研究から考えて必要性や仮説がわかりやすく，目的がそれに向かって明快に表現されていれば研究の意義や意味が伝わりやすくなる．その目的を達成するために一番自然な方法，読者も自分でもそうするだろうと思う方法を，そのままシンプルに計画する．そして，その方法が成果を挙げられるように最大限の準備と配慮をして，実施のための細部を緻密にデザインする．

　緻密にデザインされた研究とは以下のようなことを考慮した研究である．

- 1つの実験や調査の要因・条件や変数を増やしすぎない．増やしたいときは，実験や調査を増やす*2．
- 必要なデータのサイズ (n)*3を確保する．ある程度の効果量があるのに，n が足りないので有意水準に達しないのは単なる怠慢と評価される．

---

*1　そのために単語帳や単語ノートをつくるといい．
*2　1つの論文の中に複数の実験・調査が含まれていることは査読における評価を高めることが多いので，その点からも実験や調査を増やすことは望ましいことである．
*3　全サンプルサイズ（数）を N，各条件や下位グループごとのサンプルサイズ（数）を n という使い分けがされることがある．

- 効果が最大になるように最大の工夫をする．刺激や実験的操作，教示は許される限りできるだけ「極端」に「明確」に「劇的」にする．
- 論文に書かれていない研究実施上の細部に細心の注意を払う．(1) データ収集時に研究参加者が課題に真剣に取り組むような雰囲気を作り出す．(2) 参加者が理解しやすく，回答しやすい質問紙を作る．(3) 回答回収前に欠損値に対する確認を参加者に求め，補足してもらう．こうした細部へのこだわりの積み重ねが，同じテーマを同じような方法で研究していても成果を挙げられる研究者と挙げられない研究者をひそかに分けている．

一方，上に書いたような条件を満たさない研究がよくない研究だが，その他のよくない研究としてはこんな研究がある．

- 効果に効果を重ねようとする実験．ある研究において見出された効果と別の研究で見出された効果を組み合わせると「理論的に生じる効果」を仮説として検討する実験が，仮説を支持する有意な結果を得られることは少ない．

  心理学におけるモデルや効果というものの外的な妥当性，つまり一般化可能性・適応できる範囲は多くの場合かなり限られている．多くの場合には使用された刺激や手続きあるいは文脈などにかなり依存しているもので，理工学的なモデルや効果のような robustness/頑健性はない．また効果や作用自体も確実なものではなく，確率的で，傾向のようなものである[*4]．したがって，複数の効果を重ねる研究は，よほど文脈を考えないと思うような組み合わせ効果は生じないことになる．

  もちろん熟達の研究者が学識と経験に基づく慎重な洞察と複数の可能性を考慮した上で行えば，こうした研究はむしろ画期的な成果を生み出すこともある．しかし，学生が思いつきに近い形でこうした実験を実施した場合には，ほぼ期待したような結果は得られない．自信が付くまではなるべく，こうした複合・間接効果，二次効果ではなく，直接効果，一次効果を検討する実験をデザインしよう．
- あまり強くない関係と関係を連ねようとする相関研究にも同様の問題がある．

[*4] これは個人差がある多くの対象のデータを分析するという多くの心理学の研究法の特徴によるものであり，また心理的な機能が多くの競合する，補完する，促進する，抑制する他の機能との関係の中で機能するということがもたらすものでもある．

この場合には数学的に考えても理解できる．相関関係は掛け算で連なっていくので連鎖が連なると関係はすぐに小さくなるからである．理論的にAとB間には直接関係が生まれるメカニズムは存在しないとする．しかし，AとX，XとBの間には関係があるとする．たとえば，A–XとX–Bともに0.4という弱めだがある程度の相関があるとしよう．この場合には，Xを介してAとBの間に関係があるモデルを考えることができるが，理論的に推定される関係は $0.4^2 = 0.16$ となり，実質的な意味のない関係になってしまう[*5]．このパターンは人格的・臨床的な構成概念を測る尺度を複数用いた研究でよく見かけるが，このように，やる前から成果が出にくいのはわかっているので再考しよう．

「2.8 完璧な研究などありえないということ」で書いたように，論文を書いていくと必ず研究の欠点・問題点に気付かされるものではあるものの，少なくする努力を惜しまないことが大切である．しかし繰り返すが，報告する価値のない研究は，どんなにひねくり回しても accept/採用される論文にはならない．論文の価値の根本は研究の質にある．心理学の英語投稿論文が accept/採用されるための一番の早道は研究計画を念入りにすることだとも言えるだろう．

12.5　経験と自分のスタイル

　ここに書いてきたことは，自分自身が英語で論文を書いてきた中で，あるいは大学院生の英語論文の指導を通じて思い，感じたことを元にしている．あくまでも個人的で主観的なものであり，唯一の正解というものではない．今後あなたが英語の論文を書こうとする場合に参考にできることもあるだろうが，時には違和感を持つこともあるに違いない．そうした違和感は，英語の論文を書いていく経験を積むにつれて大きくなっていくかもしれない．

　人の意見はよく聞いたほうがいいが，すべてを受け入れる必要はない．自分自身での成功と失敗の経験を重ねながら，だんだんと自分自身で英語の論文の書き方を確立していってほしい．試行錯誤を重ねながら，何本もの英語論文を発表していくうちに，きっと自分自身のスタイルが出来上がるだろう．そのス

[*5]　AとBの間に直接的関係があれば話は別だが，文字通りそれは別の話・解釈になってしまう．

タイルは，ここに書かれたものとはずいぶん違うかもしれない．しかし，正解はないのだし，どちらが優れているというものでもない．自分自身のスタイルを作り上げることこそが，英語論文を書くために本当に必要なものである．

Chapter 13
学習のための参考図書

13.1 英語の心理学論文の書き方の参考書

　大学院から専門教育が始まる北米では，論文を書く能力自体が大学院生が習得すべき大きな課題として認識されている．まずはアカデミックライティングの基礎を学び，その上で自身が専攻する領域の固有のスタイルを身につける必要がある．心理学で言えば，American Psychological Association（APA）が定めるスタイルが事実上の標準なので，それを正確に身につける必要がある．また，日本以上に論文の審査の基準，つまり採用率が厳しいために，いい研究であればいい論文になるはずというだけではなく，accept/採用される論文を書く必要があるという意識も高い．アカデミックライティングや専門の学術論文の書き方は大学や大学院で授業として学んだり，指導者から個別に添削指導を受けたりしながら学んでいくが，そうしたことを扱う教科書や参考書も多く出版されている．ここでは APA スタイルを知るために必要な APA の論文作成マニュアルと accept/採用されるためのコツに関しての指南書を紹介する．また，統計的な結果に関しては，必要な結果を正確に，かつ慣習通りに表現する必要があるのだが，そうした表現を調べるために役立つ本もあわせて紹介する．

● "Publication manual of the American Psychological Association (6th ed.)"
　American Psychological Association. Washington, D. C., USA: American Psychological Association. 2010.
　APA スタイルは，事実上英語の心理学論文の標準であり，かりにそのジャーナルの執筆要綱に明記されていない場合でも，特別な指示や指定がない場合には，APA スタイルに従っておけばほとんど問題はない．したがって，「9.2 投稿先のジャーナルの形式に合わせることと一応調べておくべきこと」で説明したように，英語で心理学の論文を書く際には常にこの本で，書き方のスタイルを確認する必要がある．
　しかし，この本の価値は単にスタイル，つまり要求される論文の構成や書き方の細

部の規則を示すにとどまらない．初期の版ではスタイル，つまり執筆要綱を示すだけであったが，版を重ねページ数が大幅に増加した現在の版では，文章の技術や論文内容への指摘，論文作成の技巧に関する情報が豊富に掲載されている．たとえば，倫理的に正しい表記・表現に関する具体的なガイドライン，あるいは効果量や信頼性区間の標準的表記法などが示されている．

また，American Psychological Association/アメリカ心理学会がこのマニュアルで，results において効果量や信頼性区間の表記を原則義務づけたことが，心理学の世界全体で効果量や信頼性区間を重視する方向性を作ったとも言えるように，心理学の研究そのものに対してさえ大きな影響がある本である．翻訳書（アメリカ心理学会著，前田・江藤・田中訳，2011）もあるので，あわせて手元に置きたい．

● "Guide to publishing in psychology journals"
Sternberg, R. J. (Ed.). Cambridge, UK: Cambridge University Press. 2000.
著者は Robert J. Sternberg や Daryl J. Bem を初めとする一流の心理学者であり，またそれぞれが質の高いジャーナルの編集者である．序文で宣言していることは，この本は APA の論文作成マニュアル（American Psychological Association, 2010）を繰り返すのではなく，あるいは論文の書き方を示すのでもなく，論文を書くためにそうしたスタイルや文章作法をいかに効果的に使用するかに関してのコツやノウハウを教えるものである．

内容には次のようなことが含まれている．
- 序論　実証研究を書く・レビュー論文を書くことについて
- title・abstract を重要そうに書く方法
- literature review・theories・hypothesis の書き方
- 研究・実験計画の効果的な記述
- データ分析とその結果の記述におけるコツや技巧
- よいストーリーを持つ結果の書き方
- discussion における解釈の仕方
- 引用の方法
- reviewer/査読者への手紙の書き方
- 査読結果の読み方・書き直しの方法

ここからもわかるように，この本の視点は優れた論文を書く，創造的な論文を書くというよりも，accept/採用される論文を書く方法に向けられており，あなたが今読んでいる本書の視点は，Sternberg のこの本に強い影響を受けている．この本のようなものを日本人向けに書きたいというのが，本書の構想のひとつである．

英語で論文を書くことはできるが，どうしても査読でよい評価を得られない，reviewer/査読者からの査読結果で，研究の内容というよりも論文の構成や文章の質に関して指摘を受けることが多いという人にはぜひお奨めである．本当は 12 章の「英語で心理学の論文を書くために必要なモノ」のひとつに挙げることがふさわしいと考えている．

- ●『改訂新版　初めての心理学英語論文　－日米の著者たちからのアドバイス』
　D. シュワーブ・B. シュワーブ・高橋雅治．北大路書房．2013．
　長年，日本人心理学者に向けて英語の論文を書くための教育と啓蒙活動を続けている日本人心理学者と日本での教育経験がある2人のアメリカ（合衆国）人による，日本語で書かれた日本人向けの，心理学英語論文を書くためのガイドブックである．1998年に初版が刊行されたが，APAのパブリケーションマニュアルの最新版に対応させるために2013年に改訂されている．
　論文の書き方そのものだけではなく，英語の論文を執筆し，推敲し，アドバイスやコメントを求め，投稿先を決定し，査読結果の意味を考え，書き直しをして再投稿し，というような，英語の論文がジャーナルに掲載されるまでのあらゆる過程に関して，具体的で役に立つ指示やアドバイスが網羅的に掲載されている．
　英語圏で活動し，英語をネイティブとする研究者の視点による非ネイティブ（日本人）向けのアドバイスと，英語を外国語として扱ってきた日本人研究者の同国人（日本人）に向けたアドバイスの両方が掲載されている両面性も，この本の価値を高めている．よい意味で効率的に英語の論文をジャーナルに掲載するために必要な情報を得ることができるすばらしいガイドブックである．

- ●『心理学のための英語論文の基本表現』
　高橋雅治・D. シュワーブ・B. シュワーブ．朝倉書店．2013．
　上の本と同じ著者たちによる，心理学の英語論文を執筆するために参考にできる英語の例文集である．特別なオリジナリティを持たない典型的な表現を400以上掲載しており，自分が表現したい内容を英語らしく表現する方法に迷ったときに役に立つ．
　英語らしい文章の論文を書くためには，英語らしい表現になじむことが必要である．そのためには，英語の論文を参考にしながら表現を一つひとつ見つけ，習得していくことが必要なのだが，そうした学習の負担を減らしてくれる．しかし，他人の論文を参考にする際には剽窃には十分な注意が必要である．典型的表現を用いることは許されることが多いが，オリジナルな表現，価値のある新しい情報が含まれた文を，引用の形以外で自分の文章に取り入れてはいけない．そのことだけは常に意識しながら，例文集を活用しよう．

- ●『心理学論文道場　－基礎から始める英語論文執筆』
　坂本真士・大平英樹（編著）．世界思想社．2013．
　今もっとも活動的な世代における日本を代表する心理学者2人の主導による，英語での心理学の論文執筆・投稿の方法を教示した本である．執筆者たちの豊富な執筆と学生の指導の経験に裏付けられた内容はとても有益である．
　論文執筆の方法だけではなく，文献検索の方法や編集者や査読者とのやりとりの方法などの心理学系の類書ではいままで具体的な説明が不足していた技術的な方法も詳しく紹介されている．身近に英語で論文を書き，投稿するための適切なアドバイザーがいない場合には，この本がその代わりを務めてくれるかもしれない．

- **"Using multivariate statistics (6th ed.)"**
  Tabanechick, B.G. & Fidell, L. S. Boston, MA, USA: Pearson. 2013.
  統計法とその結果に関する英語表現を調べるためにはこの本がぜひ必要である．900ページを超えるこの本にはほとんどすべての多変量解析の結果の書き方の文例が詳しく掲載されている．そこには，ある統計技法を使った架空研究の結果が論文の results の形で全文掲載されている．統計結果に関する適切な英語表現を調べる際に一番頼りになる資料である．また，どんな数値・統計量をどのような形式の table/表で表現するかに関しても実例が示されている．
  もっとも，そうした文例，例示はこの本の価値のごく一部であり，この本の本質は各種多変量解析の解説や SPSS や SAS[*1]を用いた具体的な実施法，および各種統計における効果量や信頼区間に関しても，和書洋書を含めてもっとも詳しく，わかりやすい著作であるという点にある．canonical correlation/正準相関や multivariate analysis of covariance（MANOCOVA）/多変量共分散分析というような，類書にはあまり詳しく取り上げられないマイナーな分析に関しても詳しい解説・用例を見つけることができる．最新版は multilevel linear modeling/マルチレベル分析にも対応した．統計を用いる心理学・社会科学研究者の必携の本であり，この本も本当は 12 章の「英語で心理学の論文を書くために必要なモノ」のひとつである．

13.2　英語の文法・表現・書き方のための参考書

日本人向けの英語の文法・表現・書き方のための参考書はどのくらいあるのだろうか．想像もできないほどである．まずは中高や大学で使用した英語の参考書・文法書を再読してみることを薦める．その上で，もしも必要を感じたら自分のレベルにあった，役に立つと思われる英語の書き方の参考書を探すのが一番いいと思う．ここではとくに論文に必要な正確な語句選択，英語の論理的表現や論理的展開法に焦点を当てた参考書を紹介する．

- **『科学論文の英語用法百科　第 1 編　よく誤用される単語と表現』**
  G. パケット．京都大学学術出版会．2004.
  「何々のせいで」「何々につれて」という意味で according to を用いてはいけない，especially は程度を比較するので，「その中でとくに」という意味には不適切で，この意味には "particularly" を用いる，など日本人が感覚的に英語の論文を書いた際に誤用しやすい単語や表現 133 個にわたって，詳細に誤用の事例と誤りである理由，および正確な表現を解説している．日本人が書いた本でも同じような趣旨の本があるが，

[*1] SAS も SPSS も広く普及している汎用統計解析ソフトである．この本には各種統計技法に関する SPSS や SAS の具体的なプログラム（syntax, procedure）が掲載されている．

これまでに目についた例を並べましたという感じのものが多い．700 ページ近い本書は，日本人の科学英語論文に頻繁に見られるすべての深刻な誤りを網羅することを試みており，また論理的な厳密さ，解説の明確さ，どれをとっても多くの類書を圧倒している．著者は長年日本人の英語投稿論文を校閲してきた英語ネイティブの物理学者である．

● 『英語で論理的に表現する』
崎村耕二．創元社．1998．
「3.1 一文の長さ」で説明した，一意になる文やつながりのいい文章を書くために必要な，英語の論理的表現を，豊富な文例を用いて網羅的に紹介した本である．直接文例を参考にするだけでなく，多くの論理的表現，あるいは論理的展開法を理解するために役に立つだろう．

論文を書いている際に，表現・展開を日本語で一度考え，そののちにこうした本を用いて英語で表現するのではなく，直接英語の表現で考えられるようになると，文章は「英語らしく」なっていく．それを目標にして，こうした本を自分なりに早く消化できるようになろう．

13.3　心理学の論文を書くための参考書

本書の対象としている読者はすでに心理学の論文の書き方の基礎は一通り知っていると思う．しかし，優れた心理学論文の書き方の参考書を読んで，もう一度知識を整理し，また不足している部分を補うことは無駄にはならない．ここで紹介した 2 冊は，現役の（非常に）優れた心理学研究者による著作であり，基礎だけではなく実践的な応用，発展を含む上級編の内容までカバーしている．ぜひ一読することを勧める．

また，もしもこれまで論文を書いたことがないという場合には，あなたが今手にとっている本書を読む前に，こうした本をまず読むことが必要である．本書は，こうした本に書かれている論文の書き方に関する基礎的な内容を網羅的に扱ってはいない．

● 『改訂新版　心理学論文の書き方　－卒業論文や修士論文を書くために』
松井　豊．河出書房新社．2010．
本当の意味で心理学の論文を初めて書く初心者が頼りにできるマニュアルである．心理学の論文の構成，文体，スタイルから始まり，各内容ごとの具体的な書き方や注意点，そして心理学の論文を書くための心構えまでが一から十まで丁寧に解説されている．対象は卒業論文や修士論文とされており，そのため本当に何も知らない人向け

の説明から始まっているが，内容は投稿論文を書く際に必要なことまでがきちんと含まれている．こうしたマニュアルの基準というべき存在である．

● 『心理学論文の書き方　－おいしい論文のレシピ』
　都筑　学．有斐閣．2006．
　心理学の論文を書くための基礎的な決まりから，実際に書いていく際の心構え，ありがちな間違いへの注意までを，丁寧に解説した参考書である．論文作成が料理にたとえられており，したがって本書は料理のレシピ本であるという想定になっている．実際，論文を書く際に他の創造的作業のイメージを借りることは，全体の構造をバランスよく，緻密に，あるいは美しく作り上げていく上で役に立つことが多いと思う．借りる相手は，料理でも，音楽でも，コンピュータプログラムでも何でもいいと思う．清水（1959）も著書『論文の書き方』の中で論文の文章を建築物にたとえているが，それもイメージを借りる一例である．

13.4　論文を書くための心構えの参考書

　学術論文を，まして外国語で書くという状況は大変に負荷の大きな作業である．とくに慣れないうちは文法的に正確で，意味の通じる文を書くというだけで，頭の中はいっぱいいっぱいになっている．

　こうした状況でなおかつ文体やスタイル，あるいは構成に関する多くの具体的注意点を意識することは並大抵のことではない．それは，たとえ知っていたとしても即座に実行できるようなものではなく，書いたものを何度も推敲し，できれば信頼できる指導者に指摘され，添削される過程の繰り返しを通じて少しずつ「身について」いくものなのだろう．身につくとは「無意識に近い自動処理」がされるようになるということで，その処理がうまく機能しているかどうかは情動レベルで経験される．つまり，不自然な英文を書いたり，おかしな文章構成をしてしまうと，不快になる，気持ちが悪いというレベルまで自動化されることが最終的には必要である．

　そうして考えると，論文の書き方に対する具体的な技術を学ぶことと同じくらい，あるいはそれ以上に，論文を書くための心構えに関する本を読むというのは，論文を書く技術を改善させる効果的な方法である．こうした本の内容は観念的であり，具体的に何をしていいかが伝わりにくいため，直接的な効果に乏しいと思えるかもしれないが，そうではない．大きくいくつかのポイントに

絞り意識を変えるということは，初学者には多くの細かい注意点や技術を意識し続けるよりも容易なように思える．比喩や感覚的イメージを用いた表現は非効率的な手段なのではなく，心的処理の負担を抑えながら，効果的に意識レベルに働きかけるための知恵である．

● 『理科系の作文技術』
　木下是雄．中央公論社．1981．
　科学や技術系の文章作法についての定評がある本である．「理科系の」とあるが，事実や情報を正確に伝えるための文章の書き方の全般に通用する内容である．文学や随筆などの文章とはまったく違う，科学・技術の文章が必要であることを主張し，その方法を解説している．心理学の英語論文を書くための方法や技術の習得に直接役に立つことだけが書かれているわけではないが，正確な文章を書くための心構えを知るためにとても有益な本である．

● 『創造的論文の書き方』
　伊丹敬之．有斐閣．2001．
　著者は経営学を専門とする経済学者であり，この本は社会科学の論文の書き方である．しかし書き方と言っても，論文はどんな構成で書く，書き方の規則はどうである，というような入門的な内容は一切ない．この本の対象とする読者は，すでにそうした知識や技術は十分に持っており，しかも平均的な論文をいくつか書いたことがあるような，たとえば大学院生以上，あるいはもう少し上のレベルが想定されている．
　どのようにして適切なテーマを選び，論旨の根本を育て，アウトラインを組み立て，文章化していくべきかを，著者自身の長年の執筆活動と大学院生の指導の経験を踏まえ，非常に奥深い機微を詳しく，丁寧に教えてくれる．たとえば「文章が理論をドライブしてくれるような文章」(p.86) つまり文章が自動的に必然的展開に沿って進んでいくことの重要性や，言葉や文章の展開が不適切なときに気持ち悪さを感じる感受性が必要である（p.222）など，感覚的ではあるが納得できる教えが多く示されている．
　この本が示す多くの具体的示唆はもちろん役に立つ．しかし，ここまで高いレベルの論文作法においては，著者の方法をどこまで採用するかはもはや問題ではないとも言える．論文を書くという行為に対して，先人がここまで意識や思想を練り上げていっていたのだということを知り，論文を書くという行為の意義をよくかみ締め，改めて厳粛な気分で論文作成に向かおうと考えるきっかけになるということだけでもこの本を読む価値は十分にある．

References
引用文献

Alexander, C. (1965). The city is not a tree. *Architectural Forum, 122* (1), 58–62 (Part I); *122* (2), 58–61 (Part II).
アメリカ心理学会（著）前田樹海・江藤裕之・田中建彦（訳）(2011). APA 論文作成マニュアル第 2 版，医学書院.
American Psychological Association (2010). *Publication manual of the American Psychological Association* (6th ed.). Washington, D.C., USA: the American Psychological Association.
Amin, M. & Mabe, M. (2000). Impact factors: Use and abuse. *Perspectives in publishing, 1*, 1–6.
Belia, S., Fidler, F., Williams, J. & Cumming, G. (2005). Researchers misunderstand confidence intervals and standard error bars. *Psychological Methods, 10* (4), 389–396.
Brantingham, P. L. & Brantingham, P. L. (1993). Nodes, paths and edges: Considerations on the complexity of crime and the physical environment. *Journal of Environmental Psychology, 13*, 3–28.
Conway, P. & Gawronski, B. (2013). Deonthological and utilitarian inclinations in moral decision making: A process dissociation approach. *Journal of Personality and Social Psychology, 104*, 216–235.
Devlin, K. & Nasar, J. L. (1989). The beauty and the beast: Some preliminary comparisons of 'high' versus 'popular' residential architecture and public versus architect judgements of same. *Journal of Environmental Psychology, 9*, 333–344.
南風原朝和（2002）．心理統計学の基礎 －統合的理解のために，有斐閣.
本多勝一（1982）．日本語の作文技術，朝日新聞社.
伊丹敬之（2001）．創造的論文の書き方，有斐閣.
木下是雄（1981）．理科系の作文技術，中央公論社.
Luke, S. G., Nuthmann, A. & Henderson, J. M. (2013). Eye movement control in scene viewing and reading: Evidence from the stimulus onset delay paradigm. *Journal of Experimental Psychology: Human Perception and Performance, 39*, 10–15.
松井　豊（2010）．改訂新版　心理学論文の書き方　－卒業論文や修士論文を書くために，河出書房新社.
Miller, G. A. (1956). The magical number seven, plus or minus two: Some limits on our capacity for processing information. *The Psychological Review, 63*, 81–97.
三浦順治（2006）．ネイティヴ並みの『英語論文の書き方』がわかる本，創拓社出版.
パケット, G.（2004）．科学論文の英語用法百科　第 1 編　よく誤用される単語と表現，京都大学学術出版会.

Pecher, D. (2012). No role for motor affordances in visual working memory. *Journal of Experimental Psychology: Learning, Memory, and Cognition, 39,* 2–13.

坂本真士・大平英樹（編著）（2013）．心理学論文道場 －基礎から始める英語論文執筆，世界思想社．

崎村耕二（1998）．英語で論理的に表現する，創元社．

Schultz, P. W. & Zelezny, L. (1999). Values as predictors of environmental attitudes: Evidence for consistency across 14 countries. *Journal of Environmental Psychology, 19,* 255–265.

Shapiro, J. R., Williams, A. M. & Hambarcyan, M. (2013). Are all interventions created equal?: A Multi-Threat Approach to tailoring stereotype threat interventions. *Journal of Personality and Social Psychology, 104,* 277–288.

Sherman, L. W., Gottfredson, D. C., MacKenzie, D. L., Eck, J., Reuter, P. & Bushway, S. D. (1997). *Preventing crime: What works, what doesn't, what's promising.* Research in Brief, July. Washington, DC, USA: National Institute of Justice, US Department of Justice.

清水幾太郎（1959）．論文の書き方，岩波書店．

シュワーブ, D.・シュワーブ, B.・高橋雅治（2013）．改訂新版 初めての心理学英語論文 －日米の著者からのアドバイス，北大路書房．

Sternberg, R. J. (2000). *Guide to publishing in psychology journals.* Cambridge, UK: Cambridge University Press.

Tabachnick, B. G. & Fidell, L. S. (2012). *Using multivariate statistics* (6th ed.). Boston, MA, USA: Peason.

高橋雅治・シュワーブ, D.・シュワーブ, B.（2013）．心理学のための英語論文の基本表現，朝倉書店．

Tamir, D. I. & Mitchell, J. P. (2013). Anchoring and adjustment during social inferences. *Journal of Experimental Psychology: General, 142,* 151–162.

都筑 学（2006）．心理学論文の書き方 －おいしい論文のレシピ，有斐閣．

Warren, M. G. (2000). Reading reviews, suffering rejection, and advocating for your paper. In R. J. Sternberg (Ed.), *Guide to publishing in psychology journals* (pp. 169–186). Cambridge, UK: Cambridge University Press.

Watson, J. B. (1917). An attempted formulation of the scope of behavior psychology. *The Psychological Review, 24,* 329–325.

著者略歴

羽生 和紀（は にゅう かず のり）

1965 年　東京都に生まれる
1995 年　オハイオ州立大学大学院修了　Ph.D.
現　在　日本大学文学部心理学科教授

【おもな著書・訳書】
著　書
『心理学の基礎英単語帳』（啓明出版，2011）
『環境心理学―人間と環境の調和のために』（サイエンス社，2008）
『複雑現象を量る―紙リサイクル社会の調査』（共著，朝倉書店，2001）
訳　書
R. カプラン他『自然をデザインする―環境心理学からのアプローチ』（監訳，誠信書房，2009）
C.R. バートル・A.M. バートル『犯罪心理学―行動科学のアプローチ』（監訳，北大路書房，2006）
R. ギフォード『環境心理学―原理と実践（上・下）』（共監訳，北大路書房，2005/2007）

心理学のための
英語論文の書き方・考え方　　　　　　定価はカバーに表示

2014 年 6 月 10 日　初版第 1 刷

　　　　　　　　　　　著　者　羽　生　和　紀
　　　　　　　　　　　発行者　朝　倉　邦　造
　　　　　　　　　　　発行所　株式会社　朝　倉　書　店
　　　　　　　　　　　　　　　東京都新宿区新小川町 6-29
　　　　　　　　　　　　　　　郵便番号　162-8707
　　　　　　　　　　　　　　　電　話　03 (3260) 0141
　　　　　　　　　　　　　　　FAX　03 (3260) 0180
　　　　　　　　　　　　　　　http://www.asakura.co.jp

〈検印省略〉

© 2014〈無断複写・転載を禁ず〉　　　　　中央印刷・渡辺製本

ISBN 978-4-254-52019-4　C 3011　　　Printed in Japan

JCOPY　＜(社)出版者著作権管理機構　委託出版物＞

本書の無断複写は著作権法上での例外を除き禁じられています．複写される場合は，そのつど事前に，(社) 出版者著作権管理機構（電話 03-3513-6969，FAX 03-3513-6979, e-mail: info@jcopy.or.jp）の許諾を得てください．

東京成徳大 海保博之・聖学院大 松原　望 監修
関西大 北村英哉・早大 竹村和久・福島大 住吉チカ 編

感情と思考の科学事典

10220-8　C3540　　　　A5判　484頁　本体9500円

「感情」と「思考」は，相対立するものとして扱われてきた心の領域であるが，心理学での知見の積み重ねや科学技術の進歩は，両者が密接に関連してヒトを支えていることを明らかにしつつある。多様な学問的関心と期待に応えるべく，多分野にわたるキーワードを中項目形式で解説する。測定や実践場面，経済心理学といった新しい分野も取り上げる。〔内容〕I. 感情／II. 思考と意思決定／III. 感情と思考の融接／IV. 感情のマネジメント／V. 思考のマネジメント

山崎昌廣・坂本和義・関　邦博 編

人間の許容限界事典

10191-1　C3540　　　　B5判　1032頁　本体38000円

人間の能力の限界について，生理学，心理学，運動学，生物学，物理学，化学，栄養学の7分野より図表を多用し解説（約140項目）。〔内容〕視覚／聴覚／骨／筋／体液／睡眠／時間知覚／識別／記憶／学習／ストレス／体罰／やる気／歩行／走行／潜水／バランス能力／寿命／疫病／体脂肪／進化／低圧／高圧／振動／風／紫外線／電磁波／居住スペース／照明／環境ホルモン／酸素／不活性ガス／大気汚染／喫煙／地球温暖化／ビタミン／アルコール／必須アミノ酸／ダイエット／他

早大 中島義明 編

現代心理学［理論］事典

52014-9　C3511　　　　A5判　836頁　本体22500円

心理学を構成する諸理論を最先端のトピックスやエピソードをまじえ解説。〔内容〕心理学のメタグランド理論編（科学論的理論／神経科学的理論他3編）／感覚・知覚心理学編（感覚理論／生態学的理論他5編）／認知心理学編（イメージ理論／学習の理論他6編）／発達心理学編（日常認知の発達理論／人格発達の理論他4編）／社会心理学編（帰属理論／グループダイナミックスの理論他4編）／臨床心理学編（深層心理学の理論／カウンセリングの理論／行動・認知療法の理論他3編）

早大 中島義明 編

現代心理学［事例］事典

52017-0　C3511　　　　A5判　400頁　本体8500円

『現代心理学［理論］事典』で解説された「理論」の構築のもととなった研究事例，および何らかの意味で関連していると思われる研究事例，または関連している現代社会や日常生活における事象・現象例について詳しく紹介した姉妹書。より具体的な事例を知ることによって理論を理解することができるよう解説。〔目次〕メタ・グランド的理論の適用事例／感覚・知覚理論の適用事例／認知理論の適用事例／発達理論の適用事例／臨床的理論の適用事例

法政大 越智啓太・関西大 藤田政博・科警研 渡邉和美 編

法と心理学の事典
　　　―犯罪・裁判・矯正―

52016-3　C3511　　　　A5判　672頁　本体14000円

法にかかわる諸課題に，法学・心理学の双方の観念をふまえて取り組む。法学や心理学の基礎的・理論的な紹介・考察から，様々な対象への経験的な研究方法まで，中項目形式で紹介。〔章構成〕1. 法と心理学 総論／2. 日本の司法制度の概要／3. アメリカ・諸外国の司法制度の概要／4. 刑事法・民事法関係／5. 心理学の分野と研究方法／6. 犯罪原因論／7. 各種犯罪／8. 犯罪捜査／9. 公判プロセス／10. 防犯／11. 犯罪者・非行少年の処遇／12. 精神鑑定／13. 犯罪被害者

| 東京成徳大 海保博之監修　慶大 坂上貴之編
朝倉実践心理学講座 1
意思決定と経済の心理学
52681-3　C3311　　A 5 判　224頁　本体3600円	心理学と経済学との共同領域である行動経済学と行動的意思決定理論を基盤とした研究を紹介，価値や不確実性について考察。〔内容〕第Ⅰ部「価値を測る」／第Ⅱ部「不確実性を測る」／第Ⅲ部「不確実性な状況での意思決定を考える」
東京成徳大 海保博之監修　上智大 杉本徹雄編
朝倉実践心理学講座 2
マーケティングと広告の心理学
52682-0　C3311　　A 5 判　224頁　本体3600円 | 消費者の心理・行動への知見を理論と実務両方から提示。〔内容〕マーケティング（ブランド／新製品開発／価格等），広告と広報（効果測定／企業対応等），消費者分析（ネットクチコミ／ニューロマーケティング等） |
| 海保博之監修・編　日比野治雄・小山慎一編
朝倉実践心理学講座 3
デザインと色彩の心理学
52683-7　C3311　　A 5 判　184頁　本体3400円 | 安全で使いやすく心地よいデザインと色彩を，様々な領域で実現するためのアプローチ。〔内容〕I. 基礎，II. 実践デザインにむけて（色彩・香り・テクスチャ，音，広告，安全安心），III. 実践事例集（電子ペーパー，医薬品，橋など） |
| 東京成徳大 海保博之監修　日本教育大学院大 髙橋　誠編
朝倉実践心理学講座 4
発想と企画の心理学
52684-4　C3311　　A 5 判　208頁　本体3400円 | 現代社会の多様な分野で求められている創造技法を解説。〔内容〕I. 発想のメカニズムとシステム（大脳・問題解決手順・観察・セレンディピティ）／II. 企画のメソッドと心理学（集団心理学・評価・文章心理学・説得・創造支援システム） |
| 東京成徳大学 海保博之編・監修
朝倉実践心理学講座 5
わかりやすさとコミュニケーションの心理学
52685-1　C3311　　A 5 判　192頁　本体3400円 | 現代社会のコミュニケーションに求められている「わかりやすさ」について，その心理学的基礎を解説し，実践技法を紹介する。〔内容〕I. 心理学的基礎／II. 実践的な心理技法；文書，音声，視覚プレゼンテーション，対面，電子メディア |
| 東京成徳大 海保博之監修　九大 山口裕幸編
朝倉実践心理学講座 6
コンピテンシーとチーム・マネジメントの心理学
52686-8　C3311　　A 5 判　200頁　本体3400円 | 新しい能力概念であるコンピテンシーを軸に，チームマネジメントの問題を絡めて，その理論や実践上の課題を議論。〔内容〕コンピテンシー（概念／測定／活用の実際など），チームマネジメント（リーダーシップ／研修／自律管理） |
| 東京成徳大 海保博之監修　同志社大 久保真人編
朝倉実践心理学講座 7
感情マネジメントと癒しの心理学
52687-5　C3311　　A 5 判　192頁　本体3400円 | 日常における様々な感情経験の統制の具体的課題や実践的対処を取り上げる。〔内容〕I 感情のマネジメント（心の病と健康，労働と生活，感情労働）II 心を癒す（音楽，ペット，皮肉，セルフヘルプグループ，観光，笑い，空間） |
| 東京成徳大 海保博之監修　筑波大 松井　豊編
朝倉実践心理学講座 8
対人関係と恋愛・友情の心理学
52688-2　C3311　　A 5 判　200頁　本体3400円 | 基礎理論・生じる問題・問題解決の方法・訓練を論じる。〔内容〕I. 対人関係全般（ストレス，コーピングなど）／II. 恋愛（理論，感情，スキルなど）／III. 友情（サークル集団など）／IV. 組織（対人関係力，メンタリングなど） |
| 東京成徳大 海保博之監修　早大 竹中晃二編
朝倉実践心理学講座 9
運動と健康の心理学
52689-9　C3311　　A 5 判　216頁　本体3400円 | 健康のための運動の開始と持続のために，どのようなことが有効かの取組みと研究を紹介。〔内容〕理論（動機づけ，ヘルスコミュニケーション，個別コンサルテーションなど）実践事例（子ども，女性，職場，高齢者，地域社会） |
| 東京成徳大 海保博之監修　金沢工大 神宮英夫編
朝倉実践心理学講座 10
感動と商品開発の心理学
52690-5　C3311　　A 5 判　208頁　本体3600円 | 感情や情緒に注目したヒューマン・センタードの商品開発アプローチを紹介。〔内容〕I. 計測（生理機能，脳機能，官能評価），II. 方法（五感の総合，香り，コンセプト，臨場感，作り手），III. 事例（食品，化粧，飲料，発想支援） |

旭川医大 髙橋雅治・デイビッドシュワーブ・
バーバラシュワーブ著

心理学のための 英語論文の基本表現
52018-7 C3011　　　A5判 208頁 本体3000円

実際の論文から集めた約400の例文を，文章パターンや解説，和訳とあわせて論文構成ごとに提示。アメリカ心理学会（APA）のマニュアルも解説。〔構成〕心理学英語論文の執筆法／著者注／要約／序文／方法／結果／考察／表／図

核融合科学研 廣岡慶彦著

理科系のための 入門英語プレゼンテーション
[CD付改訂版]
10250-5 C3040　　　A5判 136頁 本体2600円

著者の体験に基づく豊富な実例を用いてプレゼン英語を初歩から解説する入門編。ネイティブスピーカー音読のCDを付してパワーアップ。〔内容〕予備知識／準備と実践／質疑応答／国際会議出席に関連した英語／付録（予備練習／重要表現他）

核融合科学研 廣岡慶彦著

理科系のための 実戦英語プレゼンテーション
[CD付改訂版]
10265-9 C3040　　　A5判 136頁 本体2800円

豊富な実例を駆使してプレゼン英語を解説。質問に答えられないときの切り抜け方など，とっておきのコツを伝授。音読CD付〔内容〕心構え／発表のアウトライン／研究背景・動機の説明／研究方法の説明／結果と考察／質疑応答／重要表現

核融合科学研 廣岡慶彦著

理科系のための 状況・レベル別英語コミュニケーション
10189-8 C3040　　　A5判 136頁 本体2700円

国際会議や海外で遭遇する諸状況を想定し，円滑な意思疎通に必須の技術・知識を伝授。〔内容〕国際会議・ワークショップ参加申込み／物品注文と納期確認／日常会話基礎：大学・研究所での一日／会食でのやりとり／訪問予約電話／重要表現他

核融合科学研 廣岡慶彦著

理科系のための 入門英語論文ライティング
10196-6 C3040　　　A5判 128頁 本体2500円

英文法の基礎に立ち返り，「英語嫌いな」学生・研究者が専門誌の投稿論文を執筆するまでになるよう手引き。〔内容〕テクニカルレポートの種類・目的・構成／ライティングの基礎的修辞法／英語ジャーナル投稿論文の書き方／重要表現のまとめ

核融合科学研 廣岡慶彦著

理科系のための [学会・留学]英会話テクニック
[CD付]
10263-5 C3040　　　A5判 136頁 本体2600円

学会発表や研究留学の様々な場面で役立つ英会話のコツを伝授。〔内容〕国際会議に出席する／学会発表の基礎と質疑応答／会議などで座長を務める／受け入れ機関を初めて訪問する／実験に参加する／講義・セミナーを行う／文献の取り寄せ他

前広大 坂和正敏・名市大 坂和秀晃・
南山大 Marc Bremer 著

自然・社会科学者のための 英文Eメールの書き方
10258-1 C3040　　　A5判 200頁 本体2800円

海外の科学者・研究者との交流を深めるため，礼儀正しく，簡潔かつ正確で読みやすく，短時間で用件を伝える能力を養うためのEメールの実例集である〔内容〕一般文例と表現／依頼と通知／訪問と受け入れ／海外留学／国際会議／学術論文／他

黒木登志夫・F.H.フジタ著

科学者のための 英文手紙の書き方（増訂版）
10038-9 C3040　　　A5判 224頁 本体3200円

科学者が日常出会うあらゆる場面を想定し，多くの文例を示しながら正しい英文手紙の書き方を解説。必要な文例は索引で検索。〔内容〕論文の投稿・引用／本の注文／学会出席／留学／訪問と招待／奨学金申請／挨拶状／証明書／お詫び／他

岡山大 塚本真也・髙橋志織著

学生のための プレゼン上達の方法
―トレーニングとビジュアル化―
10261-1 C3040　　　A5判 164頁 本体2300円

プレゼンテーションを効果的に行うためのポイント・練習法をたくさんの写真や具体例を用いてわかりやすく解説。〔内容〕話すスピード／アイコンタクト／ジェスチャー／原稿作成／ツール／ビジュアル化・デザインなど

京大 青谷正妥著

英 語 学 習 論
―スピーキングと総合力―
10260-4 C3040　　　A5判 180頁 本体2300円

応用言語学・脳科学の知見を踏まえ，大人のための英語学習法の理論と実践を解説する。英語学習者・英語教師必読の書。〔内容〕英語運用力の本質と学習戦略／結果を出した学習法／言語の進化と脳科学から見た「話す・聞く」の優位性

上記価格（税別）は 2014 年 5 月現在